ALÉM DO DINHEIRO
DESVENDANDO OS SEGREDOS
DA ORGANIZAÇÃO FINANCEIRA

Editora Appris Ltda.
1.ª Edição - Copyright© 2024 do autor
Direitos de Edição Reservados à Editora Appris Ltda.

Nenhuma parte desta obra poderá ser utilizada indevidamente, sem estar de acordo com a Lei nº 9.610/98. Se incorreções forem encontradas, serão de exclusiva responsabilidade de seus organizadores. Foi realizado o Depósito Legal na Fundação Biblioteca Nacional, de acordo com as Leis nºs 10.994, de 14/12/2004, e 12.192, de 14/01/2010.

Catalogação na Fonte
Elaborado por: Josefina A. S. Guedes
Bibliotecária CRB 9/870

G635a
2024
	Gonçalves, Thiago Aguiar
	    Além do dinheiro: desvendando os segredos da organização financeira / Thiago Aguiar Gonçalves. – 1. ed. – Curitiba: Appris, 2024.
	    110 p. ; 21 cm.
	
	    Inclui referências.
	    ISBN 978-65-250-5727-9
	
	    1. Finanças pessoais. 2. Riqueza. 3. Organização. 4. Propósito.
	    I. Título.
	
	    CDD – 332.024

Appris
editora

Editora e Livraria Appris Ltda.
Av. Manoel Ribas, 2265 – Mercês
Curitiba/PR – CEP: 80810-002
Tel. (41) 3156 - 4731
www.editoraappris.com.br

Printed in Brazil
Impresso no Brasil

Thiago Aguiar Gonçalves

ALÉM DO DINHEIRO
DESVENDANDO OS SEGREDOS
DA ORGANIZAÇÃO FINANCEIRA

FICHA TÉCNICA

EDITORIAL	Augusto Coelho
	Sara C. de Andrade Coelho
COMITÊ EDITORIAL	Ana El Achkar (UNIVERSO/RJ)
	Andréa Barbosa Gouveia (UFPR)
	Conrado Moreira Mendes (PUC-MG)
	Eliete Correia dos Santos (UEPB)
	Fabiano Santos (UERJ/IESP)
	Francinete Fernandes de Sousa (UEPB)
	Francisco Carlos Duarte (PUCPR)
	Francisco de Assis (Fiam-Faam, SP, Brasil)
	Jacques de Lima Ferreira (UP)
	Juliana Reichert Assunção Tonelli (UEL)
	Maria Aparecida Barbosa (USP)
	Maria Helena Zamora (PUC-Rio)
	Maria Margarida de Andrade (Umack)
	Marilda Aparecida Behrens (PUCPR)
	Marli Caetano
	Roque Ismael da Costa Güllich (UFFS)
	Toni Reis (UFPR)
	Valdomiro de Oliveira (UFPR)
	Valério Brusamolin (IFPR)
SUPERVISOR DA PRODUÇÃO	Renata Cristina Lopes Miccelli
ASSESSORIA EDITORIAL	Bruna Holmen
REVISÃO	Simone Ceré
PRODUÇÃO EDITORIAL	Bruna Holmen
DIAGRAMAÇÃO	Bruno Ferreira Nascimento
CAPA	João Vitor Oliveira dos Anjos
REVISÃO DE PROVA	William Rodrigues

*Dedico este livro aos meus filhos,
Bruno Büll e Ana Clara Büll,
e meus sobrinhos,
Mariany, Murilo e Rafael.
Que vocês tenham uma vida próspera.*

AGRADECIMENTOS

Agradeço a minha amada esposa,
Walkiria Büll.
Sou uma pessoa melhor
ao seu lado.

A verdadeira riqueza de um homem é o bem que ele faz neste mundo.

(Marco Aurélio, "Meditações", Livro II, 16)

PREFÁCIO

Tudo tem dado certo para mim, porque tudo o que eu planejei deu errado. Meu planejamento inicial era ter uma grande carreira no segmento bancário, o que não aconteceu. A vida leva mesmo a gente para onde está o nosso coração. Foi exatamente o que aconteceu comigo. A vida me levou para a educação com o propósito de transformar o maior número possível de vidas, já que tive a minha vida transformada por meio dela. Me tornei uma gestora educadora, pesquisadora e curiosa profissional sobre futuros e felicidade no trabalho.

Tenho dedicado grande parte dos meus recursos para o estudo da ciência da felicidade. Depois de tanto pesquisar, ler e refletir cheguei em um "lugar" de uma simplicidade desconcertante sobre o significado da felicidade.

Felicidade não tem receita: o significado de uma boa vida para mim, pode não ser o mesmo para você.

Felicidade é um verbo e precisamos praticar. Meu verbo é aprender. Todas as vezes que eu estou com um livro na mão, aprendendo alguma coisa, eu me sinto viva e feliz. Qual é o seu verbo?

Felicidade não é sobre a ausência de problemas, mas a maneira como você lida com eles.

Ser grato é ser feliz. A gratidão é como uma filosofia de vida que torna suficiente tudo aquilo que a gente tem na vida.

Ser feliz é saber perdoar e tem a ver com a qualidade dos relacionamentos e das escolhas que a gente faz na vida.

Não é sobre o que você tem, mas sobre quem você se torna ao longo da sua jornada e quem está ao seu lado.

Simples assim, ao mesmo tempo que em nenhum outro momento da história foi tão sofisticado ser simples, quanto agora.

Vivemos em um mundo de padrões postos e impostos do que é ser feliz ou bem-sucedido, em uma cultura onde aprendemos a apreciar somente aquilo que é bonito, rodeados de aparelhos de hipnose coletiva (chame de *smartphone*, tv, mídias ou da forma que fizer mais sentido para você), onde vai ter sempre alguém mais legal do que você, melhor do que você. Um mundo com pessoas gastando um dinheiro que não têm, para comprar coisas que não precisam, que muitas vezes serão pouco usadas, em uma indústria de produtos feitos para não durar.

Na idade média, a riqueza de uma cidade estava muito relacionada com suas catedrais. As pessoas faziam qualquer esforço para erguer uma catedral. Hoje temos novas catedrais, estilizadas como templos de consumo que são os shoppings centers: se você pode comprar, você se sente no céu.

As pessoas estão enlouquecendo, mas por ser um movimento coletivo, parece normal. Nesse contexto, esta obra traz uma contribuição inestimável, compartilhando métodos e provocando reflexões.

Há muito tempo que o dinheiro deixou de ser o mais importante. A prosperidade começa quando você entende isso.

Da mesma forma que a felicidade é um comportamento e pode ser aprendido, o mesmo pode ser sobre o que você faz, como você lida e como ir além do dinheiro. Desejo que esta obra seja uma leitura marcante e transformadora.

Danielle Rodrigues
Vice-reitora na Unifeob. Estrategista em Governança, Cultura, Futuros e Felicidade no Trabalho. Voluntária no Instituto ELA – Educadoras do Brasil

APRESENTAÇÃO

Caro leitor,

Ao pegar este livro em suas mãos, você pode estar se perguntando: "O que significa realmente 'ir além do dinheiro'?". Afinal, em uma sociedade onde o valor é frequentemente medido em cifras, como podemos olhar além dos números e ver o verdadeiro significado da riqueza?

Vamos embarcar juntos nesta jornada. Ao longo destas páginas, não apenas exploraremos o universo financeiro pela ótica dos números, mas também pelo que realmente significa ir além deles. Vamos mergulhar em compreensões mais profundas sobre nossos valores, atitudes e a verdadeira essência da riqueza.

E enquanto você vira cada página, quero que se imagine não apenas como um leitor, mas como um participante ativo nesta conversa. Sim, estou falando diretamente com você. Em cada capítulo, desafio você a refletir, questionar e, acima de tudo, aplicar o que aprendeu em sua própria vida.

Então, está pronto para ir além do dinheiro e descobrir o que realmente significa ser financeiramente sábio? Vamos começar.

SUMÁRIO

CAPÍTULO 1
INTRODUÇÃO 17

CAPÍTULO 2
COMECE PELO PORQUÊ 25

CAPÍTULO 3
OBJETIVOS INTELIGENTES 41

CAPÍTULO 4
VOCÊ NO CONTROLE 59

CAPÍTULO 5
HORA DE AVALIAR, MANTER, REDUZIR OU ELIMINAR 67

CAPÍTULO 6
COLOCANDO TUDO EM PRÁTICA 79

CAPÍTULO 7
MONITORANDO SEU PROGRESSO FINANCEIRO 91

CAPÍTULO 8
FECHAMENTO 103

REFERÊNCIAS 109

CAPÍTULO 1
INTRODUÇÃO

Por que este título? Por que este tema? Por que se organizar?

Por que não é simples? Por que muitas pessoas não conseguem se organizar? Por quê? Por quê? Por quê?

Dizem que uma das fases mais chatas da criança é a fase dos porquês, eu particularmente não concordo, me diverti muito com minha filha nessa fase.

Um estudo publicado no *Journal of Child Development* descobriu que as crianças que fazem mais perguntas durante a fase dos "porquês" têm melhor desempenho em testes de inteligência e habilidades de pensamento crítico.

O estudo, realizado por pesquisadores da Universidade de Iowa, nos Estados Unidos, acompanhou um grupo de crianças de 2 a 5 anos de idade ao longo de dois anos. Os pesquisadores descobriram que as crianças que faziam mais perguntas tinham melhor desempenho em testes de inteligência e habilidades de pensamento crítico no final do estudo.

Os pesquisadores acreditam que as perguntas ajudam as crianças a desenvolver suas habilidades de pensamento crítico, pois as obrigam a pensar sobre o mundo ao seu redor e a encontrar maneiras de explicar o que estão vendo e ouvindo.

Existem algumas razões pelas quais as crianças fazem tantas perguntas durante a fase dos "porquês". Uma razão é que elas estão aprendendo a usar a linguagem. Ao fazer perguntas, elas estão aprendendo novas palavras e como usá-las. Outra razão é que elas estão curiosas sobre o mundo ao seu redor. Elas estão tentando entender como as coisas funcionam e por que as coisas são do jeito que são.

A fase dos "porquês" pode ser uma fase frustrante para os pais, mas também é uma fase importante no desenvolvimento da criança.

Ao responder às perguntas das crianças, os pais podem ajudá-las a aprender e crescer.

Ao nos aprofundarmos e questionarmos, crescemos e nos tornamos mais atentos e criativos.

Estudos falam de crianças, mas me arrisco aqui a dizer que manter essa atitude interrogativa perante as coisas da vida nos permite crescer e evoluir constantemente. Mantermo-nos questionando nos permite estar sempre expandindo nossa visão de mundo e nossa mente. Parando para pensar hoje em dia, percebo que não há melhor forma de aprender que por meio de perguntas.

As crianças são assim, um universo em si, ávidas para entender o mundo que as cercam, questionando tudo que lhes é estranho ou novo. Pensando agora, ainda carrego esse sentimento comigo, por isso me julgo "um eterno curioso".

Outros muitos métodos de aprendizagem se baseiam em perguntas, como, por exemplo, método interrogativo de ensino, Método de perguntas e Respostas (Q & A), Aprendizagem baseada em problemas (ABP), entre outros.

Gosto também do método 5W2H. What (o que), Why (por que), Where (onde), When (quando), Who (quem), How (como) e How much (quanto custa).

Penso que quanto mais investigamos e aprofundamos uma questão, mais clareza trazemos ao assunto.

Se envolvemos outros pontos de vista sobre o mesmo assunto, expandimos nossa visão e percepção em relação ao tema.

Quanto mais ampla a visão, mais fácil a tomada de decisão.

O QUE ISSO TEM A VER COM O TEMA DO LIVRO?

Minha provocação com este livro é de pensar, sim, na organização financeira, na educação financeira, na melhora da qualidade de vida, no atingimento de metas e sonhos. Meu objetivo é que você possa viver de forma satisfatória, suprindo suas necessidades e fazendo o que ama.

Acredito que tudo isso, para ser efetivo, precisa ser pensado. Além do dinheiro, precisa ser pensado como um propósito de vida, precisa ser avaliado buscando o equilíbrio entre o prisma das emoções e sensações e dos benefícios que de fato buscamos e a razão direcionando as ações.

Meu objetivo é criar um vínculo entre nossos objetivos e nossa mente, garantindo uma comunicação clara com nosso cérebro para alinhá-lo aos nossos propósitos, e que possamos capturar no mundo que nos cerca todos os recursos necessários para que **nosso plano** se concretize. Acredite, as oportunidades estão à sua volta, talvez você ainda não esteja preparado para percebê-las.

Sim, a partir de agora é **nosso plano**, meu e seu, pois estamos juntos nessa jornada.

Uma das pressuposições básicas da Programação Neurolinguística (PNL) é que o **Mapa não é território**. E aqui faço uma menção honrosa ao meu mestre Fernando Dalgalarrondo, que me apresentou a PNL e foi com quem fiz toda minha formação. Agradeço também a nossa querida Rita Buratto, que trabalha com o Fernando e sempre foi tão acolhedora. Gratidão a ambos.

A Programação Neurolinguística (PNL), desenvolvida por Richard Bandler e John Grinder, é uma abordagem que explora como a linguagem e a comunicação afetam nosso comportamento e pensamento.

Bandler e Grinder, ao desenvolver a PNL, introduziram várias técnicas práticas. Por exemplo, a técnica de "ancoragem" envolve associar um estímulo específico (como um toque ou uma palavra) a um estado emocional desejado, permitindo que a pessoa acesse rapidamente esse estado quando necessário. Outra técnica, a "ressignificar", envolve mudar a forma como interpretamos uma situação, permitindo-nos ver as coisas de uma perspectiva mais positiva ou útil.

Uma de suas principais premissas da PNL é que "o Mapa não é o território", o que significa que nossa percepção da realidade (o mapa) não é necessariamente a realidade em si (o território). Ao entendermos essa distinção, podemos reconhecer que nossas crenças e percepções são moldadas por nossas experiências e linguagem, e não são representações objetivas da realidade.

Criamos nosso mapa conforme nossas próprias percepções, nossos filtros. Esses filtros podem e são influenciados por nossos estados emocionais.

Essa construção de mundo, a depender da nossa percepção, pode e fatalmente faz com que ocorram certas distorções do que de fato nos cerca. A depender do nosso estado de espírito, podemos ser mais flexíveis e tolerantes em relação a pequenos defeitos ou distorções, podemos até ignorar certos fatos.

Por outro lado, podemos também ser extremamente críticos, valorizando muito mais os pontos negativos do que os positivos.

Digo tudo isso, pois, ao construir um mapa, devemos tentar ser detalhistas/realistas, mas principalmente racionais. Tentar se aprofundar no cenário e nas informações recebidas, para tentar construir uma visão o mais ampla possível do que acontece ao redor.

Se construímos nossa percepção de realidade, nosso mapa, baseado nos estados emocionais que experienciamos, inevitavelmente as outras pessoas também o fazem. Assim, concluímos que cada ser humano tem seu próprio mapa, concorda?

Fazer perguntas, como as crianças fazem, sobre nossas percepções das outras pessoas, nos ajuda a ampliar nosso mapa. Ser um questionador, não é ser incrédulo, mas sim se permitir expandir sua visão de mundo, ser mais empático e mais racional.

Tentar ignorar o filtro das emoções para tirar conclusões sobre informações, acontecimentos em geral, não é uma tarefa fácil, é árduo, é trabalhoso, e infelizmente o que percebo é que muitas pessoas optam pelo caminho mais cômodo, mais fácil. E cada vez mais vejo as pessoas não se aprofundando nos temas, nas informações, nas questões relevantes.

Vivemos na era da informação, onde tudo está a um clique de distância. Isso tem seus prós e contras. Por um lado, nunca tivemos acesso a tanta informação. Por outro lado, a facilidade de acesso pode levar a uma sensação de satisfação com informações superficiais. Afinal, por que se aprofundar quando o Google tem todas as respostas?

Aqui, cabe citar o Efeito Dunning-Kruger.

O termo foi cunhado pelos psicólogos David Dunning e Justin Kruger, da Universidade de Cornell. Eles realizaram uma série de experimentos e descobriram que, em muitos casos, as pessoas com menor habilidade em uma tarefa superestimaram significativamente sua habilidade.

A ironia do Efeito Dunning-Kruger é que a falta de habilidade ou conhecimento que leva alguém a tomar decisões ruins é a mesma que o impede de considerar suas deficiências. Em outras palavras, a pessoa não sabe o que não sabe.

Isso ocorre porque a mesma falta de habilidade que a impede de realizar bem uma tarefa também a impede de reconhecer suas lacunas. Ao entendermos esse efeito, podemos refletir sobre a importância da autoconsciência e da educação contínua.

Esse efeito pode ser aplicado em muitos campos, desde a academia até a vida cotidiana. Pode ser uma pessoa que pensa que é um gênio no karaokê após algumas bebidas ou alguém que se acredita ser um especialista em economia por ter lido um único artigo on-line.

Você já conheceu alguém que, depois de assistir a um documentário de uma hora sobre um tema, de repente se considerou um especialista? Pois é, talvez o Efeito Dunning-Kruger esteja em ação!

No mundo das finanças pessoais, a superficialidade pode ser perigosa. Entender conceitos básicos é o primeiro passo, mas confiar apenas em dicas rápidas de internet sem aprofundar-se pode levar a decisões financeiras ruins.

Quando temos a oportunidade de parar para pensar a respeito de algo importante, sem nos preocuparmos se é chato ou legal, se é rápido ou devagar, se está on-line, se vai agradar os seguidores, se podemos explorar o tema com várias perguntas, aprofundando cada vez mais o nível de conhecimento, expandindo cada vez mais a visão sobre o tema, estamos caminhando para algo verdadeiro, mas não a verdade discutida, a verdade de si para si mesmo. Daquilo que realmente importa para a pessoa mais importante do mundo — **você mesmo(a)**.

Quando falo da construção do seu mapa de mundo, não se contentar com a primeira percepção, se questionar sobre quais emoções estão influenciando nessa criação faz diferença. Por meio das perguntas para si próprio e para os outros, temos a oportunidade de construir um mapa mais completo.

Diria até mais próximo da realidade, pois a realidade de fato é um mistério filosófico que não me atreverei a discutir aqui. Ainda bem que no campo das finanças, e principalmente quando falo sobre objetivos e propósitos que vão além do dinheiro, essas respostas dependem mais da própria pessoa do que no mundo que a cerca, então podemos, sim, identificar crenças, modificá-las e/ou estabelecer novas crenças sobre como percebemos o nosso próprio mapa.

Faz sentido para você?

A verdadeira essência da organização financeira não se resume em economizar ou gastar, mas sim em compreender o significado mais profundo do dinheiro em nossas vidas.

Na verdadeira essência da organização financeira, buscamos ir além, para uma vida equilibrada, onde a pessoa se permite pequenos prazeres/recompensas, viaja, realiza sonhos, conquistas seus objetivos, já se projeta em uma velhice tranquila, possui uma vida estabilizada e não é pega de surpresa e desprevenida em situações inesperadas. Você vive assim hoje?

Se sim, parabéns, compartilha conosco algumas dicas preciosas.

Se não, tudo bem, é possível mudar esse cenário, visto que a única coisa que não muda, por enquanto, é o fato de que um dia vamos morrer. Todo o restante é possível, a depender única e exclusivamente de nós mesmos e/ou da forma que reagimos ao que acontece conosco.

Quero incentivá-los a refletir profundamente sobre o propósito. A palavra "propósito", segundo o Google Trends, é pesquisada cerca de cem mil vezes por mês globalmente. Por quê? Por que buscar a organização financeira?

Se se tornar uma pessoa financeiramente organizada é o seu objetivo, lhe pergunto: por que você deseja isso?

Se você se permitir, convido-o a aprofundar-se nesse assunto, não prometo a solução em dez passos, nem que ao final do livro você se tornará a pessoa mais organizada do mundo, mas prometo uma leitura agradável, uma organização que torne seu processo fluido, eu me comprometo a lhe entregar o meu melhor, se comprometa a fazer o seu melhor, e a leitura deste livro mudará sua vida.

O que veremos à frente se trata de um aprofundamento, não vejo melhor forma de desvendar um segredo que não essa.

Quero provocá-lo a pensar sobre suas finanças por outro prisma, talvez dando um ou dois passos para trás, e observando o contexto de forma geral, não apenas um problema em específico.

Após identificar o propósito, os sonhos/desejos e estabelecer objetivos inteligentes, é vital entender a importância dos próximos passos e **agir**, até que ao final possamos celebrar, mas principalmente assumir o controle da sua vida de fato.

Considerando as estratégias e conceitos discutidos, como você pode começar a implementar uma abordagem mais profunda em sua organização financeira?

CAPÍTULO 2
COMECE PELO PORQUÊ

Antes de colocar tudo em prática, este primeiro passo é o mais importante de todos. Antecipadamente, agradeço sua compreensão, pois este capítulo é mais extenso.

Antes de mergulharmos na essência do "porquê" em nossas vidas, permita-me compartilhar a história de um homem cuja vida foi uma verdadeira representação da busca pelo significado: Viktor Frankl.

Nascido em Viena, em 1905, Frankl não era apenas um psiquiatra e neurologista talentoso, mas também um sobrevivente dos campos de concentração nazistas durante a Segunda Guerra Mundial. Nesses tempos sombrios, ele foi submetido a sofrimentos inimagináveis e testemunhou as atrocidades cometidas contra muitos de seus entes queridos.

No entanto, em meio a essa escuridão, Frankl fez uma descoberta profunda. Ele percebeu que, embora não pudesse controlar seu ambiente ou as circunstâncias externas, tinha o poder de escolher sua resposta a eles.

Uma parte que me tocou muito em sua biografia foi sobre tudo o que retiraram dele, logo de início, sua esposa, seu trabalho, seus estudos e projetos, seus documentos, seus nomes, suas roupas, até os pelos do seu corpo, além da sua própria dignidade.

Os prisioneiros foram reduzidos a um número tatuado no braço, amontoados em campos de concentração em condições mínimas de sobrevivência, submetidos a trabalhos intensos, como a construção de estradas de ferro, sob frio intenso em algumas épocas do ano. Milhões de pessoas sucumbiram. O que diferenciava as pessoas que dormiam e não acordavam no dia seguinte daquelas que sobreviveram para nos contar essa história?

Em seu livro *Em busca de sentido*, ele escreveu: *"Quando não podemos mais mudar uma situação, somos desafiados a mudar a nós mesmos".*

Frankl observou que os prisioneiros que encontravam um propósito ou significado para suportar o sofrimento eram mais resilientes e tinham uma chance maior de sobreviver. Ele acreditava que a busca pelo significado era a força motriz central na vida humana.

Ele cita em seu livro que muitos de seus companheiros de concentração morreram em datas como 25 de dezembro ou primeiro de janeiro, pois acreditavam que, por um milagre, seus captores iriam se sensibilizar com as datas e os libertariam, e, ao perceber que nada mudava, essas pessoas desistiam de viver. O que as mantinha vivas era a esperança da libertação.

Sua filosofia, mais tarde denominada Logoterapia, sugere que nosso principal impulso não é o prazer, como muitos pensavam, mas sim a busca por um propósito na vida.

Então, por que compartilho a história de Viktor Frankl com você? Porque sua vida e seus ensinamentos são um testemunho poderoso da importância do "porquê" em nossas vidas.

Se Frankl pôde encontrar um propósito em meio ao horror dos campos de concentração, certamente podemos encontrar nosso próprio "porquê" em meio aos desafios de nossas vidas cotidianas.

Ao refletir sobre a jornada de Viktor Frankl, convido você a se perguntar: Qual é o meu "porquê"? Por que faço o que faço? E como esse "porquê" pode me guiar, sustentar e inspirar, não importa o que a vida me reserve? A quais sacrifícios estou disposto a me submeter para caminhar na direção do meu "porquê"?

Com essa reflexão, embarquemos juntos nesta jornada de descoberta dos segredos da organização financeira. Certamente, ao falarmos de educação financeira, devemos ir além do dinheiro, devemos nos dedicar a ter uma resposta clara sobre por que queremos nos organizar financeiramente, qual o propósito de todo esse movimento.

Dedicar tempo, energia e atenção aqui, da forma devida, será o divisor de águas de um processo de sucesso.

O que o move, faz levantar, o que o faz agir sem pensar? Uma mãe diria que a responsabilidade com a criança, do policial, é cumprir o seu dever. Do médico, honrar seu juramento, poderia dar muitos outros exemplos.

Quando as pessoas se propõem a fazer algo pensando em algo maior, é muito legal. Mas muitos fazem por obrigação, para pagar as contas, acabam usando o termo "tenho que", e isso pode ser muito maçante. Afinal, "tenho que" é uma obrigação, no sentido ruim da palavra, soa como "se pudesse fazer algo diferente, eu faria", não é uma escolha.

– *"Tenho que ler esse livro para melhorar minha organização financeira".*

Você não é obrigado a ler este livro; pode escolher parar a leitura, guardá-lo, doá-lo ou até descartá-lo (descartar foi um exagero tá).

Definitivamente, você não "tem que" ler este livro, você escolheu ler este livro, você prefere ler este livro a continuar tocando sua vida da forma que está hoje.

Opa, aqui já começa a aparecer um porquê. Será que é isso mesmo? Só você pode responder, mas, sim, o que te motiva é o mais importante.

Por que buscar a tal da organização financeira?

Acredito que podemos melhorar nossa qualidade de vida pela organização financeira.

Esse é o meu porquê de escrever este livro. Não me importa se irei usar meu horário de descanso para me dedicar a esta escrita, é algo que me move, que me traz satisfação em fazê-lo. Quando estou aqui escrevendo, entro em *flow*.

O que é entrar em *flow* e por que isso é importante?

Explico:

A expressão em si tem suas origens na teoria do fluxo, desenvolvida pelo psicólogo Mihaly Csikszentmihalyi (esse nome aí mesmo) na década de 1970. O termo *"flow"* descreve um estado mental de imersão total em uma atividade, em que a pessoa se sente completamente absorvida e focada, perdendo a noção do tempo e até de si mesma.

O psicólogo (difícil até citar o nome dele) observou que quando as pessoas estão em estado de *flow*, elas apresentam um nível máximo de desempenho e satisfação. Esse estado geralmente ocorre quando há um equilíbrio entre os desafios da atividade e as habilidades da pessoa. Ou seja, quando a tarefa a ser realizada exige um nível de habilidade que está ao alcance do indivíduo, mas desafia-o o suficiente para mantê-lo engajado.

Então se você encontrar o seu porquê, se ele é bem claro, bem definido, você se dedicará ao que se propõe com todas as suas energias, com todo seu entusiasmo, disposto a aceitar de forma mais fácil as situações estressantes do dia a dia, você não medirá esforços para buscá-lo, em muitos momentos poderá estar em *flow*. Como se sua vida dependesse disso.

A sensação de entrar em *flow* é ótima, tive vários desses momentos enquanto escrevia este livro.

Está claro até aqui?

Melhor "**escolher**" fazer algo, do que "**ter que**" fazer algo.

Essa mudança da forma de encarar as tarefas já é um bom começo.

Se você se propõe a fazer algo que o desafia e para o qual possui as habilidades necessárias, além de escolher fazer, provavelmente irá dar o máximo de si. Consegue perceber como as ideias se conectam? Certamente seu processo de organização financeira fluirá de forma mais fácil.

Dá para deixar isso ainda mais poderoso? Sim, segue o fio.

Quando acessamos o nosso porquê, estamos nos comunicando com a parte mais profunda da nossa mente, estamos indo além do consciente/racional.

Daniel Goleman popularizou o termo *Inteligência Emocional*, na década de 1990, com o livro de mesmo título, mas o que mais me atraiu nessa obra foi essa questão da comunicação entre mente consciente e mente inconsciente.

Goleman explica que a mente consciente é responsável por nossas ações conscientes, como o que estamos dizendo, como estamos nos movendo e como estamos interagindo com o mundo ao nosso redor.

A mente inconsciente, por outro lado, é responsável por nossos pensamentos inconscientes, emoções e memórias. A mente inconsciente é muito mais rápida do que a mente consciente, e ela pode processar informações muito mais rápido do que a mente consciente.

A mente inconsciente também é responsável por nossos hábitos, nossos padrões de pensamento e nossos comportamentos automáticos.

Goleman afirma que a mente consciente e a mente inconsciente estão constantemente se comunicando. Essa comunicação é essencial para nossa saúde mental e emocional.

Por exemplo, quando estamos em uma situação estressante, nossa mente inconsciente pode identificar o estresse antes que nossa mente consciente. A mente inconsciente pode então enviar um sinal para nossa mente consciente para que ela tome medidas para reduzir o estresse.

Goleman também afirma que a mente consciente pode influenciar a mente inconsciente. Quando estamos conscientemente tentando aprender algo novo, nossa mente consciente pode enviar um sinal para nossa mente inconsciente para que ela armazene essa informação na memória.

A comunicação entre a mente consciente e a mente inconsciente é um processo complexo e fascinante. A compreensão dessa comunicação pode nos ajudar a melhorar nossa saúde mental e emocional.

Sabe aquele sentimento ou sensação difícil de traduzir em palavras? É como se fosse uma briga interna entre a mente consciente e a mente inconsciente. Mas está lá dentro, e você sente, você lembra com facilidade, você não precisa de despertador para se levantar, às vezes parece que o universo conspira a seu favor em razão deste porquê.

Quer um exemplo? Muitas vezes se você questionar uma mãe, para descrever o que sente por seus filhos, talvez seja difícil encontrar as palavras certas. Porque é um sentimento profundo, além do racional, e as palavras formamos na parte racional do cérebro.

O livro *Comece pelo porquê* (*Start with why*), escrito por Simon Sinek, apresenta a ideia central de que as pessoas e as empresas bem-sucedidas não se concentram apenas no que fazem ou como fazem, mas, em vez disso, começam pelo "porquê" fazem o que fazem. Essa ideia central é conhecida como o "Círculo Dourado".

A mensagem principal do livro é que ter uma clara compreensão do propósito, da causa ou do motivo pelo qual uma pessoa ou uma organização existe é essencial para alcançar o sucesso, inspirar os outros e construir conexões significativas.

O Círculo Dourado é composto por três camadas:

No Centro do círculo – Porque (Why): representa o propósito, a crença ou o motivo central de uma pessoa ou organização. É a razão fundamental pela qual eles fazem o que fazem. O "porquê" é a força motivadora por trás das ações e decisões.

A próxima faixa – Como (How): Refere-se aos processos, práticas ou métodos pelos quais uma pessoa ou organização realiza suas atividades. É a forma como eles colocam seu propósito em ação.

A faixa externa do círculo – O que (What): representa os produtos, serviços ou resultados específicos que uma pessoa ou organização oferece. É o resultado tangível de suas ações.

Quando falamos de organização financeira, iniciar o processo pelo porquê faz todo sentido.

E vou um pouco mais além, é preciso criar um vínculo emocional com este porquê. Seria como colocar um turbo em uma Ferrari. É tornar o processo ainda mais potente.

Conseguir conectar este PORQUÊ com suas emoções é levar esse objetivo para sua mente inconsciente, é mandar a mensagem para si próprio de que isso é o que realmente importa, é nessa direção que devo direcionar todas minhas energias. Mais à frente falaremos de objetivos de forma geral. Não estou me antecipando aqui, mas tornando este processo poderoso e transformador.

Li um artigo do Dr. Brand Klontz, que é planejador financeiro certificado nos EUA, psicólogo financeiro e é professor associado de prática em psicologia financeira e finanças comportamentais na Creighton University Heider College of Business.

Ele começa o artigo falando sobre nossa tendência natural de agir por impulso, pensando somente no aqui e agora.

Falando sobre viver o presente, ele cita:

— *É por isso que fomos capazes de sobreviver como espécie", disse Klontz. "Na verdade, estamos programados para aproveitar o momento agora e consumir o máximo possível".*

Quando pensamos em nos organizar e talvez economizar para o futuro, estamos indo contra nossa biologia.

Qual a solução então?

Resposta: jogar com nosso cérebro.

Experimente:

Imagine um limão fresco e brilhante em uma mesa à sua frente. Pode ver a textura da sua pele, sentir o aroma cítrico no ar... Pense em como se sente ao tocar a superfície fria e suavemente rugosa do limão, você aperta o limão com as pontas dos seus dedos e percebe a sua rigidez. Agora imagine-se pegando uma faca e cortando esse limão ao meio... Ouça o som do corte, veja o suco começando a escorrer e sinta o aroma intenso e fresco do limão preenchendo o ar.

Agora, pegue uma das metades do limão e aproxime-a da sua boca... Imagine a sensação do suco ácido tocando seus lábios... e agora, dê uma mordida e chupe esse limão... sinta o sabor azedo e intenso preenchendo sua boca.

Qual foi sua reação? Salivou ou se sentiu mal com o azedo?

Se sim, para qualquer uma das respostas, essa é a prova de que nossa mente não consegue distinguir a imagem criada da realidade, então nosso cérebro e nosso corpo começa a trabalhar para comer, e salivar faz parte deste processo para ajudar na mastigação e digestão. Ou se você tem lembranças ruins do gosto do limão, vai rolar uma careta aí certamente.

É o mesmo se você se emociona assistindo a um filme, uma série, uma peça, ou lendo um livro. Mesmo sabendo que não é verdade.

As emoções, que vão além da racionalidade, podem e devem ser usadas, e não só para reviver bons momentos, ou como muitos usam involuntariamente, em situações desagradáveis que originam traumas, medos, fobias etc. Devem ser usadas para fazer nosso corpo reagir e agir na direção daquilo que almejamos.

Então, se eu criar imagens associadas ao meu porquê, tenho mais chances de caminhar na direção dele?

Resposta: Exatamente.

Em um estudo conduzido pelo Dr. Klontz — o psicólogo financeiro —, verificou-se que as taxas de poupança (de dinheiro guardado) dispararam até 73% quando as pessoas se envolveram plena e emocionalmente em explicar por que estavam guardando dinheiro. Aumento de 73%! Isso é muita coisa.

Para aumentar as chances de alcançar seu objetivo de organização financeira, comece definindo seu "porquê". Isso vale para todos os aspectos de sua vida.

Quando nos comunicamos de fora para dentro, podemos absorver um grande número de informações, dados, e tudo mais. Com o passar do tempo, algumas informações podem se perder na nossa mente, e acabamos filtrando partes daqueles conhecimentos adquiridos.

Agora, quando conseguimos fazer com que essa comunicação venha de dentro para fora, e criar vínculos emocionais com esta informação, a absorção dela é muito mais efetiva. E posso provar. Para os mais velhos, a maioria se lembra do que estava fazendo em um domingo de manhã em primeiro de maio de 1994, estou falando do trágico acidente que tirou a vida da lenda da Fórmula-1 Ayrton Senna.

Os pais geralmente se lembram do dia, da hora, das coisas que aconteceram no dia do nascimento de seus filhos.

Foi a algum show do seu cantor ou cantora favorita e isso o marcou muito? Provavelmente, ao se lembrar daquele dia, você terá uma riqueza de detalhes que não se estende, por exemplo, aos dias seguintes ao show.

Em contraste, você provavelmente teria dificuldade em lembrar o que almoçou há dez dias atrás.

Dito tudo isso, a respeito de porquês, de comunicação cerebral, vínculos emocionais, memória, absorção de informações: por que se organizar financeiramente? O que você vai ganhar com isso?

Qual o objetivo por trás do objetivo?

Honestidade aqui é inevitável, afinal é muito difícil mentir e sustentar essa mentira para si próprio.

É por um carro?

Qual a cor desse carro? É modelo novo ou usado? Quantas portas? Qual a cor dos bancos dele? Já andou nesse carro? Consegue se imaginar andando nele? Já fez ao menos um *test drive*? Qual música você colocaria quando estivesse andando nesse carro? Onde você guardaria ele? Consegue imaginar chegar em casa e vê-lo na sua garagem? Quem estará verdadeiramente feliz com sua realização? O que essa pessoa lhe dirá? Vai abraçá-lo? Qual a sensação desse abraço de reconhecimento pela sua conquista?

Perceba que quanto mais você se vê usufruindo daquilo que almeja, mais específico seu objetivo se torna. E mais, ao se imaginar usufruindo daquilo que você realmente almeja, o seu porquê, você não vai apenas ter o sentimento de posse.

Ao associarmos satisfação e alegria com a realização de um objetivo, intensificamos o poder do nosso "porquê" ao conectá-lo com as emoções. Não se trata de desejar, se trata de sentir o que você sentirá quando alcançar seu objetivo.

Gravar essas emoções na sua mente, junto com a imagem da sua conquista, se é uma coisa boa, que vai te fazer bem, seu inconsciente irá desejar com todas as células do seu corpo sentir aquilo, e vai trabalhar intensamente para alcançá-lo. Sacrifícios, será muito fácil suportá-los, afinal, a recompensa ali na frente é muito melhor.

Nota importante: não sou um entusiasta, desconectado da realidade, fazendo você acreditar que, se desejar um carro de dez milhões de dólares, ele vai surgir na sua garagem (a não ser que você seja de uma família com condições para isso, ou tenha acabado de ganhar na loteria).

Mas não serei eu a pessoa a lhe dizer que você não pode tê-lo. Serei realista, e naturalmente objetivos mais distantes da nossa realidade podem levar mais tempo para serem alcançados.

Eu usei aqui o exemplo do carro, mas isso poderia ser uma casa, uma fazenda, um apartamento, uma moto ou qualquer objeto que você pensar, mas você deve pensar como seria a sua rotina com esse objeto. Além disso, pode ser para adquirir determinados comportamentos, hábitos, rotinas, viagens.

O importante aqui é sim o desejo de consumo ou de mudança de hábito, o porquê seria algo como "o que você ganha com isso?". Qual ou quais benefícios você terá ao ter sucesso nesta tarefa?

Como seria a sua vida se hoje você estivesse plenamente satisfeito com sua organização financeira? Com sua disciplina para guardar dinheiro pensando em emergências, sonhos e no futuro, mesmo não abrindo mão de pequenos prazeres do dia a dia, como aquele cafezinho, ou a assinatura de *streaming* favorita, como seria sua vida nesse cenário?

Sair para comer uma pizza com a família ou amigos, ou comprar um presente para uma pessoa amada, sem nenhuma data especial, como você se sentiria podendo fazer tudo isso sem culpa ou deixar de pagar alguma conta importante?

Consegue imaginar uma rotina onde você não se preocupa em pagar as dívidas? Ou morando na sua casa própria? É boa a sensação de não ter dívidas? De verificar o extrato da sua conta no banco e não estar usando o cheque especial?

"O objetivo do dinheiro é não se preocupar com o dinheiro", frase atribuída a Robert Kiyosaki, autor do livro *Pai Rico, Pai Pobre*.

Quais as sensações você teria ao ter posse daquilo que você almeja?

Se é de pegar, como seria a sensação de ter isso em suas mãos e, principalmente, quais emoções você estaria sentindo nesse momento?

Eu sei que eu divago às vezes, mas é importante ressaltar que tudo isso tem um motivo, tem um propósito, tem um porquê.

Na maioria das vezes em que conversei com pessoas a respeito de organização financeira, para muitas delas, quando eu questionava qual era o motivo dessa busca pela organização financeira, a resposta não estava clara.

Respostas superficiais sim. Hoje, em minha experiência, percebo que é justamente a falta de um objetivo poderoso que não permite muita gente a evoluir no assunto.

Afinal, sejamos realistas, organizar as contas, controlar tudo isso é um processo chato, e estamos olhando para o passado, além de estarmos pedindo para nossa mente, eliminar, cortar, reduzir, tirar muito daquilo que gostamos. Nosso instinto nessa hora vai buscar a autopreservação, por isso, na maioria das vezes, nós mesmos acabamos nos sabotando.

Se o objetivo não está claro, se não buscamos aquilo que amamos e se a gente não sabe para onde está indo, qualquer caminho serve e não sou eu quem disse isso, foi Lewis Carroll no livro *Alice no País das Maravilhas* e tenho certeza que você já ouviu falar dessa história.

É comum que o seu porquê se confunda com objetos de desejo, está tudo bem, é você sendo honesto consigo mesmo. Também é comum que o porquê se pareça com quem você acredita ser. Ou com aquilo que você acredita ser a sua razão de viver.

Gosto de usar a mim mesmo como exemplo, quem já me viu eu me apresentar, início dizendo: Sou Thiago, pai por vocação etc. etc. etc.

Sim, a minha razão de ser são meus filhos. Trata-se da bateria mais potente que uma pessoa pode ter, na minha humilde opinião.

Se eu tenho um objetivo, e esse objetivo vai de alguma forma beneficiar meus filhos, então não medirei esforços para alcançá-lo.

Se você não tem filhos, pode ser por qualquer pessoa que você ame, inclusive/principalmente por você mesmo. Precisa ser verdadeiro, só isso.

Quando você sabe qual a sua razão de ser, não há obstáculos que o impeçam de seguir seu caminho, eles podem dificultar, mas é a sua razão de ser, não seguir é abrir mão de si próprio, vejo como pouco provável alguém abrindo mão da sua razão de ser por uma dificuldade no caminho.

O que é mais comum verificarmos é a pessoa buscando alternativas para prosseguir, não é um desvio no caminho que irá impedi-lo de seguir sua própria razão de ser.

Ikigai é um termo em japonês que significa justamente isso, *nossa razão de ser*. Nosso motivo para levantarmos todo dia de manhã, não importa a hora, é algo que mantém o entusiasmo e a alegria pela vida.

Gosto muito da cultura japonesa, e nesse aspecto ainda acredito que temos muito a aprender com a cultura oriental.

Se você ainda tem dúvidas do seu porquê, do seu propósito de vida, da sua razão de ser, leituras de obras como *Comece pelo porquê* ou *Ikigai* acredito que o auxiliarão.

Ken Mogi, o autor desse último livro, cita cinco passos para despertar para seu *ikigai*.

- Passo 1: começar pequeno.
- Passo 2: libertar-se.
- Passo 3: harmonia e sustentabilidade.
- Passo 4: a alegria das pequenas coisas.
- Passo 5: estar no aqui e agora.

Não vou aprofundar no tema tanto assim, mas vejo muita sabedoria e profundidade em cada um dos passos, cabe uma reflexão.

Atenção ao passo um. Se você almeja uma vida rica e próspera, mas não consegue administrar suas finanças atuais, como fará isso quando tiver grandes números para gerir? Comece hoje, comece pequeno.

Ainda sobre a busca pelo *ikigai*, o Dr. Mogi nos diz:

- Encontrar o que você ama: descobrir suas paixões, interesses e atividades que lhe trazem alegria e satisfação.
- Encontrar em que você é bom: identificar suas habilidades, talentos e competências únicas.
- Encontrar o que o mundo precisa: compreender como suas paixões e habilidades podem ser valiosas para os outros e como você pode contribuir positivamente para a sociedade.
- Encontrar como você pode ser recompensado: reconhecer como suas paixões e habilidades podem ser valorizadas e apreciadas de uma maneira que também lhe traga sustento e recompensas emocionais.

À medida que vamos evoluindo nossa leitura, percebemos que começar pelo porquê não se trata de algo simples, mas de algo poderoso.

Quanto mais tempo e energia você dedicar aqui, tudo parecerá mais fácil ali na frente, porque, afinal, seu propósito deixa de ser ter uma planilha de controle de gastos e passa a ser **o caminho para algo muito maior, seus sonhos, suas realizações, sua razão de ser**.

Mesmo chegando até aqui, e ainda tendo certa dúvida para achar algo que o mova e que faça suportar os desafios e tentações do dia a dia, resistir aos impulsos de compras que talvez não sejam realmente necessárias, pergunte para si mesmo:

O que eu faria até de graça?

Um bom início também seria mapear seus desejos, talvez três inicialmente, como o autor Roberto Tranjan sugere em seu livro *O velho e o menino* quando ele diz: "Antes do propósito, vem o desejo".

Trata-se de uma leitura muito agradável, o Sr. Tranjan me trouxe alguns *insights* dos quais sou eternamente grato. Em um dos capítulos ele cita: *"Sem desejo não há busca. Sem busca, não há encontro".*

Ou como o filósofo Sêneca eternizou: *"Nenhum vento sopra a favor de quem não sabe para onde ir".*

Claro que a resposta não é pronta, nem tem uma resposta certa, mas tem a sua verdade. E é ela que importa. É nela que devemos focar.

Tranjan propõe em seu livro que o propósito depende dos desejos da mesma forma que os desejos dependem do propósito.

Eu me pergunto se com essas informações terá ficado mais claro para você o quão importante é este passo na nossa jornada de organização financeira.

O título deste livro reflete a necessidade de ver além do valor tangível do dinheiro. A verdadeira organização financeira envolve compreender os valores e objetivos que o dinheiro pode ajudar a alcançar. Ao pensarmos somente no número, no dinheiro especificamente, o processo se torna frio e racional. A racionalidade é importante, mas, ao falarmos de organização financeira, somente a racionalidade não basta. Equilíbrio sempre será a resposta.

Criar o vínculo emocional que vai além do dinheiro é o diferencial entre uma estratégia de sucesso ou não.

Esse objetivo por trás do objetivo certamente será a energia necessária para que você consiga manter o foco, ter disciplina e atuar com consistência rumo aos seus sonhos. Afinal, muitas vezes esses caminhos exigirão sacrifícios, sacrifícios que talvez você não tenha energia para suportar, a não ser que tenha um propósito, como se sua vida dependesse disso, como ocorreu com Dr. Frankl nos campos de concentração.

E por falar em objetivos, talvez seja interessante uma parada agora, né? Entendo que temos muita informação. No próximo capítulo trarei uma estratégia poderosa sobre como alcançar seus objetivos. Até lá.

RESUMO CAPÍTULO 2 – Comece pelo porquê

Neste capítulo, abordamos o ponto fundamental de qualquer jornada financeira: o "porquê". Antes de mergulharmos nas técnicas, estratégias e ferramentas, é essencial entender o que nos move, o que nos motiva a buscar uma organização financeira e a tomar decisões conscientes sobre nosso dinheiro.

Refletimos sobre as motivações intrínsecas que nos levam a agir. Como o Dr. Viktor Frankl disse:

"Quando não podemos mais mudar uma situação, somos desafiados a mudar a nós mesmos."

No entanto, é crucial que essa motivação não seja vista como uma mera obrigação, mas sim como uma escolha consciente. A frase "tenho que" pode ser pesada e cansativa, enquanto uma abordagem mais positiva e proativa nos empodera e nos motiva a seguir em frente.

Este capítulo serve como uma base sólida para os próximos tópicos que abordaremos. Ao entendermos e definirmos claramente o nosso "porquê", estaremos mais preparados e motivados para enfrentar os desafios e tomar decisões financeiras informadas e bem-sucedidas.

Pensando nas histórias e exemplos compartilhados, existe algum momento em sua vida em que você sentiu que estava verdadeiramente indo "além do dinheiro"?

Consegue pensar no seu porquê? Use este espaço para registrá-lo.

Qual a sua visão de uma vida rica? A sua visão, o que realmente importa para você.

CAPÍTULO 3
OBJETIVOS INTELIGENTES

Definido o porquê, para onde estamos indo afinal?

Lao Tse, pensador da cultura oriental, eternizou uma frase de que gosto muito:

"Toda longa jornada começa com um primeiro passo."

Não importa o tamanho desse passo, o que importa é começar.

Posso ter feito seus miolos fritarem no capítulo anterior, falando sobre ir além dos seus objetivos, entender o porquê por trás de um desejo. Espero que esteja fazendo sentido.

Você poderá perceber que, quando temos um pouco mais de clareza sobre o que nos move, fica mais fácil falar de objetivos.

Ter clareza sobre o que motiva nossas ações é um termo que também ficou muito popular no mundo corporativo, a tal da MOTIVAÇÃO, AUTOMOTIVAÇÃO (que é redundância afinal), que podemos traduzir aqui para o tão citado "porquê" neste início de livro.

Para mim, entender o objetivo por trás do objetivo facilitou meu processo de entendimento sobre o que me move, o que me motiva.

Os primeiros pensadores a falarem de motivação foram os filósofos gregos. Platão e Aristóteles acreditavam que a motivação era causada por desejos e necessidades. Analisando hoje, faz todo sentido, trata-se de um bom começo.

Os primeiros psicólogos também estudaram a motivação. William James acreditava que a motivação era causada por impulsos e emoções. Sigmund Freud acreditava que a motivação era causada por impulsos inconscientes.

No século 20, os psicólogos começaram a estudar a motivação de uma forma mais científica. Eles desenvolveram teorias sobre o que motiva as pessoas a agir. Algumas das teorias mais importantes sobre motivação incluem a teoria da expectativa-valor, a teoria da autodeterminação e a teoria da motivação intrínseca.

A teoria da expectativa-valor afirma que as pessoas são mais propensas a agir quando acreditam que têm uma boa chance de sucesso e quando o resultado é algo que elas valorizam.

A teoria da autodeterminação afirma que as pessoas são mais propensas a ser motivadas quando se sentem autônomas, relacionadas e competentes.

A teoria da motivação intrínseca afirma que as pessoas são mais propensas a ser motivadas por interesses e curiosidade do que por recompensas externas.

A motivação é um conceito complexo que tem sido estudado por filósofos, psicólogos e cientistas há séculos. Ainda há muito que não sabemos sobre a motivação, mas os estudos sobre o assunto nos ajudaram a entender melhor o que nos motiva a agir.

Dos pensadores gregos a Freud, passando por todas as teorias modernas estudadas, todos os pontos de vista trazem *insights* interessantes e que, acredito, juntos fazem todo sentido.

E foi na Programação Neurolinguística que acabei encontrando um compilado de tudo que foi estudado no passado e que, ajustado a uma forma de linguagem objetiva, fez todo sentido para mim.

Os criadores da PNL, Richard Bandler e John Grinder, acreditam que a motivação é um processo complexo que é influenciado por uma variedade de fatores, incluindo nossos pensamentos, emoções, crenças e experiências passadas.

Eles também acreditam que a motivação pode ser aprendida e que podemos nos tornar mais motivados se entendermos melhor como ela funciona.

Bandler e Grinder desenvolveram uma série de técnicas de PNL que podem ser usadas para aumentar a motivação. Essas técnicas incluem:

- Definir metas claras e específicas.
- Quebrar metas grandes em metas menores e mais gerenciáveis.
- Criar um plano de ação para atingir suas metas.
- Visualizar o sucesso.
- Celebrar seus sucessos.
- Ajustar seu plano de ação conforme necessário.

A PNL pode ser uma ferramenta eficaz para aumentar a motivação e atingir seus objetivos. Se você está lutando para se motivar, considere aprender mais sobre a PNL e como ela pode ajudá-lo a atingir seus objetivos.

Aqui estão algumas dicas adicionais para aumentar a motivação:

- O que você está tentando alcançar? Por que isso é importante para você?
- Foque nos seus objetivos e no que você quer alcançar, e não nos obstáculos que estão no seu caminho.
- Divida grandes objetivos em metas menores e mais gerenciáveis. Isso tornará mais fácil começar e manter o foco.
- Crie um plano de ação. Isso o ajudará a ficar no caminho certo e a atingir seus objetivos.
- Faça uma pausa. Não tente fazer tudo de uma vez. Faça pausas regulares para relaxar e recarregar as energias.
- Celebre seus sucessos. Isso o ajudará a se manter motivado e a ver o progresso que está fazendo.

Se você seguir essas dicas, poderá aumentar sua motivação e atingir seus objetivos.

Mas, afinal, o que são objetivos? Por que ter objetivos?

Objetivos são coisas que você deseja alcançar. Eles podem ser grandes ou pequenos, fáceis ou difíceis. Não importa o quão grandes ou pequenos sejam seus objetivos, é importante ter objetivos para se esforçar.

Existem muitas razões para ter objetivos. Objetivos podem ajudá-lo a:

- Ficar motivado.
- Alcançar seu pleno potencial.
- Ter uma vida mais significativa.
- Melhorar sua saúde e bem-estar.
- Ter mais sucesso na carreira.

Se você não tiver objetivos, pode ser fácil se perder na vida. Você pode acabar fazendo coisas que não são importantes para você e não alcançar seu pleno potencial. Ter objetivos pode ajudá-lo a permanecer no caminho certo e alcançar o que você quer da vida.

Alinhados sobre o que são os objetivos e o quão importantes eles são? Se precisar, volte na página anterior e leia novamente.

Daqui para frente, vou aprofundar um pouco mais nas técnicas dos criadores da PNL sobre como estabelecer objetivos e, assim, ajudá-lo nesse processo. Estou falando da conhecida técnica SMART de traçar objetivos. Explicando:

- **S Specific** (Específico): seu objetivo deve ser claro e direto.
- **M Mensurável**: você deve ser capaz de medir seu progresso ou saber quando atingir seu objetivo.
- **A Alcançável**: seu objetivo deve ser algo que você realmente consiga alcançar com os recursos e o tempo que tem.
- **R Relevante**: o objetivo deve ser importante e fazer sentido para você ou para a situação em que está inserido.
- **T Temporal**: você deve estabelecer um prazo para atingir seu objetivo.

Definir metas claras e específicas

A primeira etapa para atingir seus objetivos financeiros é definir metas claras e específicas. Isso significa saber exatamente o que você quer alcançar com seu dinheiro e quando quer alcançá-lo. Por exemplo, em vez de dizer "Eu quero economizar dinheiro", diga **"Eu quero economizar R$ 10 mil em 12 meses"**. Claro que aqui estamos falando de dinheiro, mas você pode aplicar este conceito em qualquer objetivo a ser traçado, por exemplo, em vez de dizer "Eu quero perder peso", diga "Eu quero perder 10 quilos em 3 meses".

É importante que suas metas sejam claras e específicas, porque isso o ajudará a permanecer no caminho certo e a alcançar seu objetivo. Se suas metas não forem claras e específicas, você pode acabar se desviando do caminho ou não alcançando seu objetivo.

Se o objetivo não é específico, fica mais difícil mensurar e saber quando ele foi alcançado.

Aqui estão alguns exemplos de objetivos financeiros que você pode definir:

- Economizar dinheiro para comprar uma casa

    » Objetivos maiores precisam naturalmente de mais tempo, começar o quanto antes a se planejar para a realização do sonho de milhões de pessoas começa por um primeiro passo.

    » Sabendo que para adquirir um imóvel, mediante financiamento bancário, você precisa ter no mínimo 20% do valor do imóvel, aquele imóvel de R$ 250 mil fica um pouco mais próximo, pois com R$ 50 mil você conseguiria dar a entrada necessária para iniciar o financiamento imobiliário. Entendo que R$ 50 mil não é pouco, mas é mais próximo que R$ 250 mil. Se conseguir economizar R$ 500 reais por mês, sem contar os rendimentos, precisaria de 100 meses. Se este objetivo é compartilhado com outra pessoa, esse prazo seria reduzido pela metade. Se anualmente tivesse depósitos maiores (seja um décimo terceiro, um bônus, ou bonificação de férias), esse prazo diminuiria ainda mais, é tudo uma questão de quanto tempo e energia será colocada nesta missão.

- Pagar dívidas tóxicas

    » No Brasil, temos historicamente uma taxa de juros muito alta que, aliada à falta de incentivo à educação financeira desde pequenos, faz com que milhões de brasileiros acabem se endividando. Muitas dessas dívidas deveriam ser evitadas, pois os juros são exorbitantes. Vamos colocar uma linha aqui, para facilitar: digamos que dívidas que custem acima de 12% ao ano são boas (como financiamento imobiliário ou estudantil); até 24% ao ano (como financiamento de veículos), aceitáveis por um tempo; acima disso seriam dividas tóxicas.

    » Se usar cartão de crédito, siga duas regras: 1) Pague a fatura integralmente e 2) Nunca esqueça a primeira regra.

    » Outra dívida considerada tóxica é o limite do cheque especial. Sempre vi muitas pessoas incorporando o limite ao seu salário, e adotando um padrão de vida que na verdade elas não poderiam manter. No final, tomavam um empréstimo para quitar o cheque especial, e meses depois, além do empréstimo, estavam novamente usando o limite do banco.

    » Outra dívida tóxica é o empréstimo para quitar outro empréstimo. Sempre tem mais juros, mais impostos. Para sair de círculo vicioso, sacrifícios devem ser feitos, por isso os capítulos iniciais deste livro são tão importantes. Se você define um porque MUITO forte, qualquer sacrifício, redução no padrão de vida temporariamente, vender coisas usadas que tem em casa, trocar o carro por um mais barato, fazer serviços extras, para gerar renda extra, todo esse esforço adicional valerá a pena no final.

- Investir para a aposentadoria

  » Aqui pode ser em fundos de previdência VGBL, e hoje temos uma variada gama de opções. Lembre-se aqui o objetivo é de longo prazo. A dica valiosa: procure fundos que possuam estratégias que atuem em multimercados, que possam investir em ações e, principalmente, que estejam na tabela REGRESSIVA de tributação (após dez anos de investimentos, o imposto de renda sobre os vencimentos será de apenas 10%)

  » Ações também são uma alternativa MUITO interessante, não se importe com a volatilidade delas, apenas busque aconselhamento profissional para identificar as melhores oportunidades de compra, e faça isso regularmente. Após 10, 20, 30 anos, os retornos são absurdamente mais vantajosos que os recursos aplicados no plano de aposentadoria pública (INSS). Comece pelos índices, assim, com poucos recursos, você estaria comprando uma cesta de empresas, e pulverizando riscos.

- Economizar para uma viagem

  » Este objetivo é tão prazeroso quanto a própria viagem, gosto demais de pensar e planejar a viagem. Geralmente são planos de curto ou médio prazo, a depender do tamanho da viagem. Aqui se antecipar comprando no cartão de crédito e parcelando sem juros se trata de uma estratégia muito assertiva.

- » Além de acumular milhas no cartão, muitas bandeiras oferecem benefícios como seguro-viagem gratuito, e geralmente são planos bem completos, vale a pena conferir.
- » Sem contar que muitas vezes, na data da viagem, ela já está praticamente quitada. Aí, só curtir.

- Começar um negócio

  - » O sonho de muitos empreendedores pode ser tornar também o pior pesadelo. Se você é assalariado, e sonha em empreender, o ideal é se planejar. Estudar muito o mercado onde pretende entrar.
  - » Criar uma boa reserva de emergência, para não depender do seu negócio nos primeiros meses, quiçá anos.
  - » Tentar fazer a transição de forma suave, para manter uma renda mínima, enquanto inicia seu projeto.

- Fazer doações para caridade

  - » Devolver um pedacinho do que ganha faz bem para a alma, e para outras pessoas. Busque organizações que atuem em algum nicho com o qual você se identifica, pode ser para ajudar crianças, idosos, pessoas/famílias necessitadas, pets, restauração de imóveis etc.
  - » Deve ter algum projeto na sua cidade ou região com o qual você se identifique e se sensibilize, é só questão de colocar um pouco de energia e foco que você vai encontrar.

- Melhorar sua saúde e bem-estar

» Criar um programa de atividades físicas e/ou esportivas, ou de reeducação alimentar, de colocar mais frutas na dieta, diminuir o açúcar, além de tantas outras alternativas.

» O foco aqui é se organizar, colocar o plano no papel e segui-lo.

- Ter mais sucesso na carreira

    » Ter mais sucesso na carreira pode incluir um novo curso, graduação, MBA, intercâmbio, desenvolver um novo idioma, uma nova certificação, hábitos no trabalho, uma rotina mais produtiva e organizada.

    » Existem várias formas de buscar o sucesso, mas o mais importante é ter bem claro o que é ter sucesso na sua carreira, como você medir e saber se está alcançando seu objetivo.

Agora é a sua vez.

Quebrar metas grandes em metas menores e mais gerenciáveis

Depois de definir suas metas financeiras, quebre-as em metas menores e mais gerenciáveis. Isso tornará mais fácil começar e manter o foco. Por exemplo, se sua meta é economizar R$ 10 mil em 12 meses, você pode quebrar essa meta em metas menores, como economizar R$ 833,33 por mês ou R$ 27,78 por dia.

Quebrar metas grandes em metas menores pode ajudá-lo a se sentir menos sobrecarregado e mais motivado para alcançá-las. Quando você atinge uma meta menor, você se sente bem consigo mesmo e isso o motiva a continuar trabalhando para alcançar sua meta maior.

Bora praticar?

Aqui estão algumas dicas para quebrar metas grandes em metas menores:

- Determine o quanto você precisa economizar para alcançar seu objetivo.
- Divida o valor total por um número de meses ou anos.
- Estabeleça um orçamento mensal ou semanal que o ajude a alcançar sua meta.
- Certifique-se de fazer um acompanhamento de seu progresso e fazer ajustes conforme necessário.
- Ao seguir essas dicas, você pode quebrar suas metas financeiras grandes em metas menores e mais gerenciáveis e alcançar seus objetivos financeiros.

Criar um plano de ação para atingir suas metas

Depois de quebrar suas metas financeiras em metas menores, crie um plano de ação para atingir cada meta. Isso significa identificar os passos que você precisa tomar para alcançar sua meta. Por exemplo, se sua meta é economizar R$ 833,33 por mês, você pode criar um plano de ação que inclua coisas como:

- Criar um orçamento e identificar áreas onde você pode cortar gastos.
- Encontrar maneiras de aumentar sua renda.
- Abrir uma conta poupança e transferir dinheiro para ela regularmente.
- Fazer acompanhamento de seu progresso e fazer ajustes conforme necessário.

Ter um plano de ação o ajudará a permanecer no caminho certo e a alcançar seu objetivo. Quando você sabe o que precisa fazer para alcançar seu objetivo, é mais provável que tome as medidas necessárias para alcançá-lo.

Está ficando interessante?

Visualizar o sucesso

Visualizar o sucesso é uma técnica poderosa que pode ajudá-lo a se manter motivado(a). Isso significa imaginar-se alcançando seus objetivos financeiros e sentir a sensação de sucesso. Por exemplo, se você está tentando economizar dinheiro para uma casa, você pode visualizar-se morando na casa dos seus sonhos ou sentindo a tranquilidade de saber que tem uma casa segura para morar.

Visualizar o sucesso pode ajudá-lo a se manter motivado quando as coisas estiverem difíceis. Quando você puder ver o resultado final, será mais fácil se concentrar em suas metas e não desistir.

Aqui a prática está na sua cabeça, então separe um tempo para se imaginar em um futuro próximo, onde você alcançou seu objetivo.

Lembra do exemplo do limão? Tenta fazer da mesma forma, com a mesma riqueza de detalhes, usando todos os sentidos.

Imagine o que verá, ouça, sinta na pele as sensações que estaria sentindo se alguém que você sabe que torce pelo seu sucesso estivesse lá. Imagine o que essa pessoa lhe diria.

Quanto mais real for esse momento, mais seu cérebro e seu corpo trabalharão para sentir tudo isso novamente e de fato.

Celebrar seus sucessos

É importante celebrar seus sucessos financeiros, grandes ou pequenos. Isso o ajudará a se manter motivado e a ver o progresso que está fazendo. Por exemplo, se você economizou R$ 100, comemore com um brinde, um novo filme ou uma nova experiência.

Aqui estão algumas dicas para celebrar seus sucessos financeiros:

- Escolha algo que você realmente goste e que o faça feliz.
- Faça algo que seja significativo para você.
- Faça algo que o ajude a se lembrar do seu sucesso.
- Compartilhe sua celebração com outras pessoas.

Celebrar seus sucessos pode ajudá-lo a se sentir bem consigo mesmo e isso o motivará a continuar trabalhando para alcançar seus objetivos.

Como acredito que o óbvio sempre deve ser dito, reforço aqui: as celebrações devem ser proporcionais ao tamanho das conquistas, combinado?

Ajustar seu plano de ação conforme necessário

À medida que você avança, é importante ajustar seu plano de ação conforme necessário. Isso significa ser flexível e estar disposto a fazer mudanças se necessário. Por exemplo, se você não está economizando dinheiro tão rápido quanto esperava, pode precisar ajustar seu orçamento ou encontrar maneiras de aumentar sua renda.

Aqui estão algumas dicas para ajustar seu plano de ação conforme necessário:

- Seja flexível e esteja disposto a fazer mudanças.
- Monitore seu progresso regularmente e faça ajustes.
- Não tenha medo de pedir ajuda se precisar.

Ajustar seu plano de ação conforme necessário é importante para garantir que você esteja no caminho certo para alcançar seus objetivos. Não tenha medo de fazer mudanças em seu plano de ação se for preciso.

"Se você fizer um plano para 10 anos e ele acontecer exatamente da forma que você planejou, no prazo que foi planejado, algo deu errado no caminho" (Peter Drucker).

Peter Drucker é um dos mais renomados teóricos de negócios e consultores do século 20. Drucker acreditava que o mundo está em constante mudança e que os planos devem ser flexíveis o suficiente para se adaptar a essas mudanças. Ele também acreditava que é importante estar aberto a novas ideias e oportunidades, e que não devemos ter medo de mudar de curso se necessário.

A frase de Drucker é um lembrete de que o mundo é um lugar complexo e imprevisível, e que é impossível prever o futuro com certeza. No entanto, podemos aumentar nossas chances de sucesso sendo flexíveis e abertos a mudanças. Podemos também aprender com nossos erros e fazer ajustes em nossos planos conforme necessário. Ao fazermos isso, podemos aumentar nossas chances de alcançar nossos objetivos, mesmo que o mundo mude ao nosso redor.

Nossa jornada só está começando, mas, como havia dito, este início é um dos passos mais importantes.

Tendo claro o que o move, e qual a direção seguir, todo e qualquer sacrifício valerá a pena e você não estará sujeito a um estado de sofrimento sem fim.

Aqui faço um parêntese diferenciando sacrifício e sofrimento.

Imagine que você está em uma dieta, e na sua frente está um delicioso pedaço de bolo. Agora, se você decidir não comê-lo, isso é um sacrifício — você está desistindo de algo por um objetivo maior (talvez a saúde). Mas se você comer aquele bolo e se sentir mal depois porque sabe que não deveria tê-lo comido, isso é sofrimento. Você não resistiu, mas está sofrendo as consequências.

Explicando, comecemos por sofrimento.

O sofrimento é uma experiência negativa, geralmente associada a dor, angústia ou tristeza. Pode ser resultado de circunstâncias fora de nosso controle ou escolhas infelizes. Não necessariamente ligado a um objetivo maior ou crescimento pessoal.

Geralmente os sofrimentos se prolongam por janelas maiores de tempo, pois não temos, de certa forma, controle sobre esses sentimentos.

Já o sacrifício é um ato consciente de abrir mão de algo valioso para alcançar algo mais importante. Pode ser positivo se estiver alinhado com seus valores e objetivos. Exemplos incluem gastar menos dinheiro para economizar, acordar cedo para se exercitar etc.

Os sacrifícios geralmente são programados por duração de tempo específica e determinada por quem está se sujeitando a uma situação, ou seja, por serem uma escolha, estão sob controle.

Quando falamos do porquê de fazer algo, e das escolhas que fazemos, é importante ter ciência de que, para cada escolha que fazemos, estamos renunciando outras várias.

Como Greg McKeown cita em seu livro *Essencialismo*, para cada sim que dizemos, são muitos nãos que estamos dizendo simultaneamente.

Nesse livro, o escritor fala da importância de termos bem claro o que realmente importa para nós, pois, muitas vezes, as pessoas vão agindo sem direção, ou em várias direções ao mesmo tempo, por não ter clareza do que realmente importa, seu propósito, seu porquê.

Ao falarmos de organização financeira, podemos, muitas vezes, estar falando de começar a agir para sair de um estado de sofrimento, para escolher se sujeitar a determinados sacrifícios, de forma temporária, em prol de um objetivo maior, que faz valer a pena todas estas escolhas.

No capítulo dois, citei um psicólogo financeiro, Dr. Brand Klontz.

Em um estudo, como já citei, o Dr. Klontz fala do vínculo emocional com um objetivo, e que as chances de sucesso aumentam substancialmente quando esse vínculo é criado, falei muito sobre isso até aqui.

O que podemos conectar aqui, em relação aos nossos objetivos, é uma estratégia que particularmente usamos em casa, e podemos atestar que vem funcionando: **o quadro dos sonhos.** Ele é da forma como se fala literalmente. Alinhamos nossos sonhos e desejos. Escolhemos uma imagem que os representa. Fazemos a visualização do sonho alcançado, então começamos a trabalhar na direção dele. Colocamos essas imagens em um quadro que fique visível diariamente, para nos lembrar dos nossos objetivos. Colocar datas também potencializa. Use a técnica SMART.

Como fazê-lo?

Usando a técnica da visualização, criados todos os vínculos emocionais com aquela imagem de futuro, onde seu objetivo é alcançado, você deverá fazer um lembrete desta cena.

Tente pesquisar na internet uma imagem que faça lembrar imediatamente da cena visualizada no futuro, onde seu objetivo foi alcançado.

Esse passo é muito importante, então preciso da sua atenção aqui.

Você deve imprimir essa imagem — colorida, por favor —, deve colocá-la em algum lugar da sua rotina onde você possa vê-la diariamente e lembrar da sua visualização de sucesso no futuro.

É como uma pílula que diariamente o abastecerá com a energia que precisa para continuar caminhando na direção dos seus objetivos.

Você poderá verificar o quão poderoso isso é. Acredito ser tão importante esse processo, que vou repassar aqui em tópicos, para não haver dúvidas.

1. Visualização do sucesso.
2. Criação dos vínculos emocionais e sensoriais com esta cena.
3. Pesquisa da imagem associada à visualização.
4. Impressão **colorida** da imagem.
5. Colocação da imagem em um lugar da sua rotina para visualização diária.

Sua mente deve associar essa imagem com seu objetivo.

Você pode também colocar na tela do seu computador, tablet, celular, pode colocar em mais de um lugar, qualquer coisa a mais, não tem problema, mas o básico deve ser feito exatamente da forma como sugerida.

O que fazemos aqui em casa é o quadro dos sonhos, então não temos apenas uma imagem, não temos apenas um objetivo, temos os objetivos da família.

Temos objetivos de curto prazo, de médio prazo e de longo prazo. Por exemplo, uma viagem para um país em específico, um bem de consumo, a construção de patrimônio, reservas financeiras, rendas extras, e por aí vai. Deixe seus desejos se manifestarem e materialize-os. Veja-se sentindo o que você sentirá quando alcançar esse objetivo e mande esse recado para sua mente.

Para cada um deles, uma imagem, uma visualização. Alguns se complementam, mas se não for assim, tudo bem também.

Com técnicas específicas e um cronograma, é válido focar em uma etapa por vez, principalmente para iniciantes.

Com mais foco em um objetivo só, naturalmente você colocará mais tempo e energia neste processo, e as chances de sucesso aumentam substancialmente.

Pratique, torne o processo simples, adéque ao que funciona para você. Ir além do dinheiro é fazer diferente do que você já vinha fazendo, é se permitir.

É a materialização dos seus sonhos, como um lembrete do que realmente importa vai te ajudar a colocar foco e energia, você estará atento, mesmo que de forma inconsciente, às oportunidades que o direcionam para seus planos.

RESUMO CAPÍTULO 3 – Objetivos inteligentes

Neste capítulo, mergulhamos na essência dos objetivos. Definir claramente nossos objetivos é o próximo passo crucial após entendermos nosso "porquê". Afinal, saber para onde estamos indo é fundamental para traçar um plano eficaz.

Entendemos como funciona a técnica SMART para traçar objetivos.

Discutimos a importância de estabelecer metas claras e específicas. Por exemplo, em vez de simplesmente dizer "Eu quero economizar dinheiro", é mais produtivo especificar "Eu quero economizar R$ 10 mil em 12 meses". Esta abordagem clara e direta nos dá um foco, uma direção e torna o objetivo mais tangível e alcançável.

Além disso, abordamos a aplicabilidade deste conceito em diferentes áreas da vida, não apenas nas finanças. Seja em objetivos relacionados à saúde, carreira ou relacionamentos, a clareza é a chave.

Ao final deste capítulo, espero que você esteja equipado com as ferramentas e o entendimento necessários para definir seus objetivos de forma clara e específica, preparando-se para a próxima etapa da sua jornada financeira.

Tendo claro o seu PORQUÊ e o seu O QUÊ, agora é a hora do COMO, preparado?

Como as lições deste capítulo podem ajudá-lo a estabelecer metas financeiras que vão além do simples acúmulo de riqueza?

CAPÍTULO 4

VOCÊ NO CONTROLE

Mão na massa. Hora de se chocar e descobrir para onde a grana vai.

Certa vez, estava eu fazendo uma mentoria e a pessoa buscava ajuda para controlar seus gastos, e estava 100% comprometida com o processo. Vou chamá-la aqui de João.

Foi muito legal. João adorou a ideia do bloquinho de notas, e começou a anotar todas as despesas no seu bloquinho, começou a perceber onde e quando estava gastando seu dinheiro que nunca sobrava.

Quando parou para contabilizar os totais, verificou que, ao menos duas vezes por dia, estava consumindo, em uma lanchonete próxima ao seu trabalho, mais do que realmente poderia e precisava.

Ou era uma vitamina no meio do dia, ou um salgado, um docinho, poderia ser mais de uma coisa no mesmo dia. E como às vezes o pessoal da lanchonete entregava no serviço, João não percebia o quanto estava gastando de fato no estabelecimento.

Mas, ao começar a anotar suas despesas, João percebeu que aquilo estava matando suas finanças, e que estava totalmente fora do seu controle, até aquele momento.

Muitas vezes nos encontramos em situações parecidas, em que o gasto em si não é grande, e que fazê-lo de vez em quando não vai nos impedir de realizar nossos sonhos. Mas quando entra no automático, vai no impulso porque um colega está consumindo também, porque naquele momento de estresse você precisava de algo, ou no momento de euforia merecia aquela recompensa, sem perceber, essas pequenas despesas se tornam parte relevante do seu orçamento.

Então, descobrir para onde vai o dinheiro é parte fundamental em um processo de organização financeira.

É recomendável observar o progresso e a evolução de um processo. Ao considerar essa evolução, vale a pena celebrar. Então, se é o seu caso, palmas para você!

Quero imaginar, ao escrever, que a essa altura do campeonato muitas coisas boas estão acontecendo com você agora, que talvez tenha tido algumas boas ideias, talvez até tenha um pouco mais de clareza do que busca, quem sabe até um plano.

Eu me pergunto se os primeiros capítulos o ajudaram, pois os capítulos à frente, por serem mais práticos, podem e serão mais trabalhosos, contudo todos os passos são importantes.

Ao ter seu **porquê** bem definido, ter **o que** bem claro, vamos para o **como**.

Assim, fechamos o círculo dourado de Simon Sinek.

Ao abordar a organização financeira, é essencial não apenas rastrear nossos gastos, mas também refletir sobre o significado e o propósito por trás de cada transação.

Existem várias formas de fazê-lo. Vários métodos. Vou citar alguns, e pode decidir o que funciona com você.

Ressalto que nem sempre o caminho mais fácil é o ideal, algumas pessoas precisarão optar por métodos, digamos, mais analógicos para mapear o fluxo do seu dinheiro, e está tudo bem.

O foco aqui deve ser no resultado.

Um dos que acredito ser dos mais efetivos e chocantes dá um pouquinho de trabalho, mas é proposital, é para você realmente estar consciente do processo, no momento em que ele está acontecendo.

Então uma boa sugestão para iniciar seria:

Para assumir o controle de fato, você deve ter clara consciência do quanto você ganha. Então registrar suas receitas seria o passo inicial.

Se há mais de uma fonte de renda, tudo bem, registre tudo.

Se tem benefícios, como vale-transporte, vale-alimentação, auxílio-creche, ou outros, registre. Tem comissões? Registre.

Tem bônus anual ou participação nos lucros? Registre também, se não souber ainda, faça uma média dos seus últimos recebimentos, e já projete para o mesmo período do ano.

Assumir o controle não é somente ter ciência dos gastos, é também expandir a clareza sobre as receitas.

Sobre as receitas, caso receba créditos picados durante o mês, tire um extrato da sua conta, alguns bancos chamam de extrato consolidado, ali, você pode encontrar um resumo de todos os créditos recebidos, facilita muito, se não tiver esse extrato, vai na unha mesmo.

Alguns aplicativos de controle financeiro conseguem se conectar com sua conta, com sua permissão é claro, e eles também podem fazer esse trabalho para você.

O importante aqui é trazer para o racional essa movimentação, e tornar consciente exatamente quanto você tem de receita por mês.

Como reflexão, veja como o equilíbrio sempre será uma boa resposta. Quando falamos de organização financeira, a parte subjetiva, dos planos, sonhos e objetivos, devemos vincular ao emocional. Já quando falamos do fluxo de caixa em si, devemos trazer totalmente para o racional.

O que já percebi ao longo dos anos é justamente o contrário. Os planos estão sendo traçados apenas na esfera racional e fria, o que os torna distantes e a gestão financeira apenas no emocional, no subjetivo, apenas na cabeça da pessoa.

Trabalharemos nos gastos, e aqui, geralmente, é o lugar onde nos encontramos com nossos maiores sabotadores de sonhos.

Como superar esse desafio?

Bora lá.

Anote cada gasto do seu dia em um bloquinho

Calma, inicialmente é só por uma semana, mas estar comprometido com a tarefa é muito importante. Pode ser um processo muito rico e revelador, desde que você se comprometa com você mesmo(a).

Comece na segunda-feira de manhã e faça isso até o próximo domingo.

Então no domingo à noite, sente para rever seus gastos, some todos eles, dívida por tipo de gasto, mas seja fiel a si mesmo, anote cada centavo gasto. Seja no ambiente virtual, seja uma moedinha doada na rua.

Ninguém tropeça em uma grande rocha, geralmente tropeçamos na pedrinha que não percebemos no nosso caminho.

Mapear cada centavo que sai pode ser chocante às vezes, mas é enriquecedor.

Que fique claro que não tenho neste momento a intenção de procurar vilões, e muito menos acredito que cortar o café vai te deixar mais rico, o objetivo aqui é ter a clara noção do uso do seu suado dinheiro. Acredito que pequenos prazeres são necessários, afinal o objetivo não é colecionar dinheiro, e sim ter qualidade de vida.

Saber distinguir o que é momento de prazer e o que é danoso para o orçamento é como a diferença entre o remédio e o veneno, que, em muitos casos, está no tamanho da dose.

Trazer para plena consciência seus hábitos de consumo trata-se de uma parte fundamental do processo. O gasto consciente é o caminho para uma boa organização financeira.

Repita esse processo na próxima semana, faça isso por um mês.

Ao final do primeiro mês, faça a soma dos totais semanais, das categorias, tente fazê-lo com a maior riqueza de detalhes possível.

Nesse momento, esse exercício de autoconhecimento vai expandir sua visão sobre seus hábitos de consumo.

Não tem um bloquinho? Improvise. Pegue uma folha de rascunho, corte-a em pequenas partes iguais, e com um clips ou um grampo, você já tem o seu bloquinho.

Se for mais fácil, pode dividi-lo em períodos do dia, mas não sei se é necessário, pois, anotando na sequência, e na hora que estava gastando, a memória ajuda a lembrar. Ah! a forma que usou para pagar também é importante.

Poxa, às vezes não consegue anotar na hora? Tudo bem, mas não deixe para fazer no final do dia, muito menos da semana. pare de tempos em tempos durante o dia e vá anotando.

Não fazê-lo na hora, ou próximo da hora, que consumiu/gastou aumenta as chances de esquecer de anotar, o que pode comprometer o estudo, e, se você analisar, pode distanciá-lo dos seus sonhos, daquilo que você ama.

Você corre o risco de ter menos tempo para verificar suas redes sociais, ou suas notificações no celular, mas é passageiro vai, de esse tempo a si mesmo. Aliás, uma boa dica é desativar as notificações do celular, vai ajudá-lo a aumentar o foco nesse processo e em qualquer coisa que se propuser a fazer.

Lembre-se do que realmente importa, de que dizer sim para certas coisas significa dizer não para outras tantas, que provavelmente seriam menos importantes e fariam menos diferença para você, sua vida e seu futuro.

Comprometer-se com os outros sempre é mais fácil do que se comprometer consigo mesmo, inverta essa ordem de valores e o caminho para seus planos ficará mais claro. Por isso são tão importantes os capítulos iniciais deste livro. E principalmente o exercício no final do capítulo sobre objetivos.

"O homem que tem um porquê para viver pode suportar quase qualquer como" (Friedrich Nietzsche).

Essa frase é um lembrete de que a força do propósito pode nos ajudar a superar qualquer obstáculo. Quando temos algo pelo qual lutar, temos a motivação para continuar, mesmo quando as coisas ficam difíceis. O propósito nos dá um senso de direção e significado, e nos ajuda a encontrar a força para seguir em frente.

Nietzsche acreditava que o propósito é essencial para uma vida feliz e significativa. Isso significa que, quando temos um propósito, podemos suportar qualquer adversidade que a vida nos traga. O propósito nos dá a força para continuar, mesmo quando as coisas parecem sem esperança.

Está começando a fazer sentido?

Então bora trabalhar.

Falei que daria alternativas, né? Tudo bem.

Se você não é tão analógico, não vai ficar carregando um bloquinho com uma caneta por aí, tudo bem, temos solução, confesso que o bloquinho é mais efetivo, por usar todos os sentidos para fazê-lo.

Uma alternativa interessante é usar seu próprio aplicativo de mensagens.

Crie um grupo só com você mesmo, fixe-o para ser um dos primeiros grupos a ver sempre que abrir seu aplicativo, coloque um nome fácil de identificar, pode até usar aqueles *emojis* da grana com asas indo embora.

A cada gasto, mande uma mensagem lá no grupo, só registre o que comprou e quanto pagou. Ou se foi uma doação, para quem foi.

Se foi em dinheiro, no cartão de débito, no cartão de crédito.

O objetivo aqui é mapear seus hábitos de consumo, então toda informação é importante.

Se for mais detalhista, tira foto de cada recibo, ou comprovante de pagamento. Pode encaminhar para esse grupo também, os comprovantes de pagamentos e transferências realizadas.

Muitas pessoas usam o próprio celular como meio de pagamento, então a ferramenta já está na sua mão no momento mágico da gastança, não há desculpas para não fazer o registro.

A quem se adapte em concentrar todas as despesas no cartão de crédito, assim, a própria fatura é o meio de controle, se, e aqui cabe um se com letras maiúsculas, SE a pessoa voltar e fazer a conferência no extrato regularmente como proposto.

Lembrando que o registro das despesas aqui é primordial, mas o essencial é a conferência, é tornar claro e consciente a resposta para a pergunta, para onde vai meu dinheiro?

Não podemos perder o foco, afinal, para assumir o controle, você deve ir além do consumo, deve gerenciá-lo.

Peter Drucker disse: *"O que é medido melhora"*.

Essa ideia foi distorcida ao longo dos anos para se tornar "não se pode gerenciar o que não se pode medir".

Ele escreveu extensivamente sobre o assunto e enfatizou a importância de metas claras, da mensuração de resultados e da responsabilidade na gestão. Ele acreditava que, se você não mede algo, não tem uma maneira real de determinar se está melhorando ou não.

O pensamento de Drucker corrobora com o que lhe falo aqui, caro(a) leitor(a).

Se é para assumir o controle, considerando o fato de que há forte motivação para fazê-lo, supondo que antes de chegar até aqui você se permitiu pensar a respeito do seu PORQUÊ e do seu O QUÊ, posso concluir que começar a trilhar o caminho do COMO não seria algo tão desafiador assim.

Entendo que pode ser desafiador conciliar esta leitura com seus planos. No entanto, não mantenha esses pensamentos apenas em sua mente. Traga-os para o mundo real, materialize tudo isso por meio de notas escritas à mão. Se desejar, traduza-os em imagens também. Use e abuse da criatividade e registre.

Ver tudo isso acontecendo fora do universo da nossa mente traz uma visão melhorada a respeito do assunto.

RESUMO CAPÍTULO 4 – Você no controle

Neste capítulo, destaco a importância de assumir o controle de suas finanças e entender para onde seu dinheiro está indo. Trago o conceito de gasto consciente. A conscientização sobre os gastos é um passo importante para uma gestão financeira eficaz.

O autoconhecimento desempenha um papel crucial neste processo, pois nos permite entender nossos hábitos de consumo e tomar decisões mais seguras e alinhadas com nossos planos. A prática e a ação são essenciais para implementar as estratégias discutidas.

Encorajo-o a materializar seus pensamentos e planos, seja com anotações manuais ou de imagens, para ter uma visão clara de seus objetivos financeiros.

E, antes de prosseguir, faça uma pausa, talvez para um café, e reflita sobre o que aprendeu até agora.

De que maneira você pode começar a integrar os princípios discutidos neste capítulo em sua rotina diária para uma vida financeira mais equilibrada?

CAPÍTULO 5

HORA DE AVALIAR, MANTER, REDUZIR OU ELIMINAR

Tá esquentando, orçar, administrar, cortar, manter, reduzir, não minta para si próprio.

E nossa jornada vem chegando em sua metade, não espero que ela seja rápida, afinal, cada um tem seu próprio tempo.

Conheci um cliente, com uma boa profissão, um médico muito conhecido, sua agenda estava sempre cheia, e era difícil de nos reunirmos.

Já estava na casa dos 50 a 60 anos, tinha uma receita garantida acima dos 40 mil reais por mês, estava em um segundo casamento, pagando faculdade de dois filhos, tinha um padrão de vida alto e vida social ativa. Mesmo com a sua renda elevada, a conta nunca fechava.

Por isso, ele estava sempre com a agenda cheia, ele não poderia desacelerar, pois estava já endividado, pagando juros de empréstimos, de financiamento de veículo e usando o limite da conta.

Por ter um bom cadastro, sempre teve altos limites, principalmente no cartão de crédito. E sempre acontecia de pagar o mínimo da fatura.

Certa vez, sugeri que ele vendesse seu carro, o carro valia seus R$ 140 mil, ele usaria R$ 90 mil para pagar liquidar dois empréstimos pessoais, quitar o atual financiamento do veículo, deixar de usar o limite do cheque especial, e quitar a fatura do cartão de crédito. Ainda lhe sobrariam R$ 50 mil para comprar outro carro à vista, com este valor como entrada, financiando o restante, até uns 50 mil reais, com prazo alongado e parcelas baixas, para não comprometer o seu orçamento.

Seu orçamento voltaria para o azul e, em poucos meses à frente, ele já teria uma boa reserva de emergência e poderia até mesmo comprar um carro maior, como ele sempre gostou.

Mas todo esse movimento exigia um sacrifício momentâneo, ele precisava abrir mão do seu carro atual. Ele não aceitou a sugestão. E continuou pagando juros sobre juros, até que seu nome foi negativado por atraso no pagamento de parcelas.

Por que ele não aceitou fazer aquele movimento que poderia ser a solução dos seus problemas? As respostas poderiam ser muitas, e não estou aqui para julgar, mas o fato é que ele não estava 100% comprometido em se organizar.

Ele deveria ter suas prioridades, e ajustar suas contas não era uma delas, até porque já vinha convivendo com aquela situação havia anos.

Não imagino uma leitura linear deste livro, em que a pessoa senta e o lê do início ao fim.

Recomendaria essa prática desde que, em seguida, este mesmo livro fosse utilizado como um manual, do qual você revisita cada capítulo, à medida que avança em seu processo. Seria muito mais efetivo conhecer e entender o processo como um todo, antes de iniciar seu próprio processo.

Pronto? Então chega de devaneios.

Ainda dentro do ciclo do COMO, já mapeamos suas receitas e para onde vai seu suado dinheiro, espero que de alguma forma isso lhe tenha causado algum tipo de choque ou espanto. Aqui vale lembrar que o comprometimento é essencial e pode ser transformador, como o caso da pessoa que gastava demais em uma lanchonete, assim como pode ser o diferencial para o insucesso, como o caso do médico.

É o que geralmente acontece quando não temos controle algum sobre nossos impulsos e rotinas do dia a dia. É o tal de entrar no automático. Tornar os pequenos gastos conscientes pode fazê-lo enxergar um comportamento não percebido até então.

Já que estamos medindo agora, fica mais fácil melhorar, e aqui, reforço mais uma vez, não quer dizer que deixar de se dar pequenos prazeres vai fazê-lo alcançar seus objetivos, mas talvez se sujeitar a pequenos sacrifícios temporários possa facilitar sua busca pelos seus objetivos.

Então, mapeando seus hábitos de consumo, vamos em busca da criação de um orçamento.

Quero dizer com isso que mapear os gastos é olhar para o passado; criar um orçamento é olhar para o futuro. Criar uma planilha de gastos conscientes é se comprometer com o que você ama. Quero receber no futuro um *feedback* seu de que você realizou seus sonhos.

Orçamento, há quem goste de usar o termo *Budget* (que significa exatamente orçamento), o que é isso?

Imagine que você vai cozinhar uma refeição. Você tem um plano de refeição (receita) que lhe diz exatamente de quais ingredientes precisa e quanto de cada um vai usar. Um orçamento é como uma receita para suas finanças. Ele diz quais são seus "ingredientes" (renda) e como você deve usá-los (gastos e economias).

Um orçamento é um plano financeiro que detalha sua renda (o dinheiro que você ganha) e suas despesas (o dinheiro que você gasta). Ele pode cobrir diferentes períodos de tempo, como semanal, mensal ou anual.

Existem três componentes principais de um orçamento:

Renda
Este é o dinheiro que você ganha. Pode vir de várias fontes, como salário, renda de aluguéis, investimentos etc.

Economia e investimentos
Este é o dinheiro que você separa para suas metas financeiras de curto, médio e longo prazo ou para emergências.

Despesas

Estes são seus gastos periódicos (mensais, semestrais ou anuais, por exemplo). Eles podem ser divididos em duas categorias: despesas fixas ou despesas variáveis.

As **despesas fixas** são aquelas que permanecem consistentes mês a mês, independentemente do comportamento ou das escolhas de consumo da família.

Aqui estão alguns exemplos comuns de despesas fixas em um orçamento familiar:

Aluguel ou prestação da casa: Valor mensal pago pelo uso ou compra de uma propriedade.

Empréstimos e financiamentos: Pagamentos mensais de empréstimos pessoais, financiamentos de veículos, entre outros.

Seguro: Isso pode incluir seguro de vida, seguro residencial, seguro de carro e seguro saúde.

Contas de serviços públicos: Como água, eletricidade e gás. Embora possam variar ligeiramente, muitas famílias têm uma média consistente.

Mensalidades: Como escola, cursos extracurriculares, academia e outros serviços contratados.

Internet e telefonia: Planos de celular, telefone fixo e pacotes de internet.

TV por assinatura: Mensalidades de serviços de televisão por cabo ou satélite.

Condomínio: Se a família mora em um apartamento ou em um condomínio fechado.

Taxas de associação: Como clubes ou outras associações que cobram uma taxa mensal ou anual.

Transporte: Se a família possui um carro financiado, a prestação do veículo é uma despesa fixa, assim como o seguro do carro.

Frequentemente, uma pequena porção das despesas fixas (20%) pode representar a maior parte (80%) do orçamento familiar. Por exemplo, aluguel e prestações de casa ou carro geralmente são as maiores despesas fixas para a maioria das famílias.

Exemplo:

Imagine uma família que paga R$ 1.200 de aluguel, R$ 300 de prestação do carro, R$ 150 de seguro, R$ 400 de contas de serviços públicos, R$ 250 de internet e telefonia, e R$ 100 de TV por assinatura. O aluguel e a prestação do carro, juntos, já somam R$ 1.500, que é a maior parte das despesas fixas totais.

As despesas fixas formam a base do orçamento familiar e são essenciais para a estabilidade financeira. Ao entender e gerenciar bem essas despesas, uma família pode planejar melhor seu futuro financeiro e tomar decisões informadas sobre gastos e investimentos.

Em um orçamento familiar, as **despesas variáveis** são aquelas que não têm um valor fixo ou previsível mês a mês. Elas podem mudar com base nas escolhas de consumo, nas necessidades ou em eventos imprevistos que ocorrem na vida da família.

Aqui estão alguns exemplos comuns de despesas variáveis em um orçamento familiar:

Alimentação: Gastos com supermercado, restaurantes, lanches e cafés.

Transporte: Combustível, manutenção do veículo (como troca de óleo, reparos), tarifas de transporte público e táxi ou serviços de carona.

Lazer e entretenimento: Cinema, teatro, shows, viagens, passeios e *hobbies*.

Vestuário: Compra de roupas, calçados e acessórios.

Saúde: Medicamentos, consultas médicas que não estão cobertas pelo plano de saúde, tratamentos e terapias.

Educação: Material escolar, cursos adicionais, livros e outros materiais de estudo.

Casa: Reparos domésticos, compra de móveis ou eletrodomésticos, produtos de limpeza e jardinagem.

Presentes e doações: Gastos com aniversários, casamentos, festas e contribuições para caridade.

Cuidados pessoais: Salão de beleza, cosméticos, academia (se não for uma mensalidade fixa) e outros serviços de bem-estar.

Despesas inesperadas: Emergências, como consertos não planejados, multas ou despesas médicas inesperadas.

Muitas vezes, 20% das despesas variáveis (como alimentação e transporte) podem representar até 80% do total gasto nesta categoria, especialmente se a família tiver hábitos de consumo mais elevados em áreas específicas.

Exemplo:

Imagine uma família que gasta R$ 500 em alimentação, R$ 200 em transporte, R$ 150 em lazer, R$ 100 em vestuário e R$ 50 em saúde. Os gastos com alimentação e transporte, que somam R$700, representam a maior parte das despesas variáveis.

As despesas variáveis, embora imprevisíveis, são uma parte crucial do orçamento familiar. Monitorar e controlar esses gastos pode ajudar a família a economizar dinheiro e alocar recursos para outras necessidades ou objetivos financeiros.

O objetivo de um orçamento é garantir que você não gaste mais do que ganha e que tenha dinheiro suficiente para suas necessidades e objetivos.

Reforçando, pois este conceito é muito importante:

- Rastrear sua renda e despesas: A chave para um bom orçamento começa com a compreensão de quanto dinheiro está entrando e quanto está saindo.

- Poupar para o futuro: Certifique-se de que está economizando dinheiro para suas metas financeiras de longo prazo e para emergências.

- Planejar gastos (gastos conscientes): Estabeleça quanto deseja gastar em diferentes categorias a cada mês.

Sejamos honestos, o objetivo aqui é economizar dinheiro. De alguma forma, fazer sobrar dinheiro para que você possa alcançar seus objetivos.

Então, mesmo que você queira manter seu estilo de vida atual, algumas renúncias deverão ser feitas. Lembre-se de que é por um bem maior.

Listadas suas despesas do dia a dia, suas despesas semanais, mensais, anuais, hora de separá-las em categorias.

Antes de categorizar por tipo de gasto, tente listar aquelas que inevitavelmente são necessárias manter da forma como estão. São suas necessidades.

Liste também aqueles em que é possível, sim, uma redução, um ajuste para sua realidade.

Agora liste, caso haja, aquelas que podem ser eliminadas, seja temporariamente, seja definitivamente.

Em resumo, nossas despesas podem ser classificadas como coisas que necessito para viver, coisas que amo, coisas que gosto e coisas que quero. Hoje, responda para si mesmo, quanto do seu orçamento está dedicado às coisas que você ama fazer?

Geralmente as coisas que amamos fazer – no meu caso, viajar – precisam de mais tempo e dinheiro, então, não é uma coisa que faço no dia a dia. Quero dizer, não se trata de uma coisa que frequentemente me proporciona sensação de realização e alegria. Mas quando acontece, UAU! E com o tempo, ao lembrar dos lugares que passei, das experiências que tive, isso sim alimenta minha alma com a energia de que preciso para ter novamente experiências como as passadas.

Na contramão, diga-me, quanto você dedica do seu orçamento para pequenos desejos, coisas que você gosta, mas não ama, coisas que você vê e pensa: "hum, eu quero isso"? São pequenas recompensas, porque, afinal, você merece, batalha tanto, né? A sensação pode ser boa, mas não é duradoura, lembrar dessas pequenas aquisições não proporciona boas lembranças, talvez seja até difícil de lembrar delas.

Para preencher essa lacuna, somente com novas aquisições. E aí vemos um círculo vicioso se formando, juntando coisas ou pequenas recompensas que o afastam daquilo que você realmente ama.

Em casos mais críticos, até fazendo com que deixe de honrar os pagamentos daquilo que você necessita para viver. Já viu algo assim?

Pois é, daí se originam os vícios, as compulsões, existe um vazio a ser preenchido. A dificuldade financeira chega, os relacionamentos se deterioram, as doenças afloram, as pessoas se isolam, o poço fica cada vez mais fundo, e sem aparentes formas de sair dele. Repito, já viu algo assim?

Voltemos a falar do orçamento, vou tentar facilitar trazendo exemplos dos tipos de despesas.

São exemplos de despesas inevitáveis, necessárias:

Saúde: se você tem uma condição médica que exige medicação contínua, esta despesa é normalmente inflexível. Cortar ou substituir esses medicamentos sem orientação médica adequada pode levar a sérios riscos à saúde.

Moradia: o pagamento da hipoteca ou aluguel é uma despesa fixa e essencial que não pode ser eliminada. Se você não pagar, pode acabar desabrigado ou prejudicar seriamente o seu crédito.

Seguro: o seguro, seja ele de saúde, residencial ou de automóvel, é uma despesa fixa essencial. Apesar de existirem variações no valor das apólices, a cobertura mínima é geralmente necessária para proteger você e seus bens contra imprevistos.

Utilidades básicas: contas de serviços públicos como água, luz e gás são despesas básicas que são difíceis de eliminar completamente, pois são necessárias para as atividades diárias.

É importante lembrar que, mesmo quando estamos falando sobre despesas "inflexíveis", ainda existem algumas maneiras de potencialmente reduzir custos.

Por exemplo, você pode ser capaz de reduzir o custo de suas contas de serviços públicos usando menos água ou eletricidade. Mas, no geral, essas despesas são vistas como necessárias para a vida diária e a segurança pessoal.

Espero que assim possa estar ajudando um pouco mais.

Vamos falar sobre algumas despesas que, embora possam ser flexíveis, podem impactar seu estilo de vida se forem significativamente alteradas:

Alimentação: embora seja possível reduzir gastos com alimentação (por exemplo, comendo fora menos frequentemente, comprando alimentos em promoção etc.), mudanças drásticas nessa área podem afetar sua qualidade de vida e até mesmo sua saúde.

Lazer e entretenimento: itens como assinaturas de *streaming*, idas ao cinema, viagens de férias e *hobbies* podem ser flexibilizados, mas fazê-lo pode diminuir seu entretenimento e lazer, impactando a qualidade de vida.

Internet e telecomunicações: embora seja possível optar por planos mais baratos de telefone e internet, a redução desses serviços pode afetar sua capacidade de se comunicar, trabalhar, estudar ou se divertir.

Transporte: se você tem um carro, pode considerar o uso de transporte público ou bicicleta para economizar em gastos com gasolina, manutenção e seguro. No entanto, isso pode afetar sua mobilidade e conveniência.

Cuidados pessoais: despesas com academia, salão de beleza, massagens etc., podem ser reduzidas, mas isso pode afetar seu bem-estar e autoestima.

Vestuário: reduzir gastos com roupas pode ser possível, mas dependendo do seu estilo de vida e profissão, isso pode impactar sua aparência e autoimagem. Talvez abrir mão daquela marca específica já seja um grande passo.

Ao avaliar esses gastos, é essencial equilibrar economia e qualidade de vida. A ideia não é eliminar completamente essas despesas, mas considerar onde é possível fazer ajustes que não afetem desproporcionalmente seu bem-estar e satisfação com a vida. Um orçamento bem planejado deve proporcionar um equilíbrio entre a segurança financeira e o prazer da vida.

Fazer um orçamento pessoal e entender para onde seu dinheiro está indo pode revelar despesas que podem ser reduzidas ou eliminadas. Algumas despesas que você pode considerar cortar, seja temporária ou permanentemente, podem incluir:

Assinaturas não utilizadas: assinaturas de serviços de streaming, aplicativos, academias, revistas etc., que você não usa frequentemente, podem ser canceladas para economizar dinheiro.

Comer fora: reduzir a frequência com que você come fora ou pede delivery pode resultar em economias significativas. Preparar refeições em casa é geralmente mais econômico.

Café e lanches comprados fora: embora pareçam pequenos gastos, a compra diária de café, chá ou lanches pode somar um valor significativo ao longo do mês.

Taxas bancárias: taxas bancárias desnecessárias, como taxas de manutenção de conta ou taxas de saque em caixas eletrônicos, podem muitas vezes ser eliminadas mudando para uma conta que não cobre essas taxas.

Compras impulsivas: compras não planejadas ou gastos por impulso podem ser reduzidos ou eliminados com um pouco de disciplina e planejamento. Um simples autoquestionamento já pode ajudar muito aqui. *"Eu realmente preciso disso?"*

Gastos com *hobbies*: se você tem *hobbies* caros, pode ser possível encontrar alternativas mais baratas ou reduzir a frequência dessas atividades.

Despesas com tecnologia: a compra frequente de novos aplicativos, atualizações de *smartphones* ou computadores pode ser postergada ou eliminada. Jogos também podem demonstrar ser grandes vilões sabotadores de sonhos.

Serviços de conveniência: serviços de limpeza, lavanderia, jardinagem etc., embora convenientes, podem ser substituídos por um pouco de esforço pessoal.

Lembre-se, cada pessoa é única, e o que é uma despesa desnecessária para uma pessoa pode ser uma despesa importante para outra. O importante é revisar suas despesas de forma crítica e honesta e determinar quais despesas são realmente necessárias para o seu bem-estar e qualidade de vida. Lembre-se, ao olhar para o futuro, de ter em mente o gasto consciente.

Penso que agora você tenha informação suficiente para auxiliá-lo na montagem do seu orçamento pessoal.

Vamos relembrar: primeiro, por que mesmo você está fazendo tudo isso?

Como disse lá no início, relembrar constantemente é o combustível que nos move na direção dos nossos...

Sim, objetivos! Quais são os seus mesmo?

Espero que você realmente tenha visualizado sua conquista e materializado seus objetivos por meio de fotos que o ajudarão a lembrar diariamente para onde está indo.

Após iniciar o processo de conscientização de como você gasta seu dinheiro, estamos agora avaliando o que são as despesas que você deverá Manter, Reduzir ou Eliminar, ok? Faz sentido para você?

Lembrando que a organização financeira não é apenas sobre cifras, mas uma profunda jornada de autoconhecimento e reflexão sobre nossas prioridades.

Aquilo que se mede, melhora! (lembra?) Que tal melhorarmos como pessoa? Somente o autoconhecimento permite isso.

RESUMO CAPÍTULO 5 – Hora de avaliar, manter, reduzir ou eliminar

Neste capítulo, abordamos a essência da gestão financeira: discernir entre o que devemos manter, o que podemos reduzir e o que é melhor eliminar de nossas despesas.

A conscientização sobre onde nosso dinheiro está sendo gasto é crucial para uma gestão financeira eficaz. Olhar para o passado e para o futuro, adotar a visão de gasto consciente.

Exploramos a importância de categorizar nossas despesas e avaliar criticamente cada uma delas. Por exemplo, taxas bancárias desnecessárias, compras impulsivas e gastos frequentes com tecnologia são áreas onde muitos de nós podemos fazer ajustes significativos.

Ao mesmo tempo, é vital lembrar que cada pessoa é única, e o que é considerado dispensável para um pode ser essencial para outro. O exercício de categorizar e avaliar nossas despesas não é apenas sobre economizar dinheiro, mas também sobre autoconhecimento.

Ao entendermos nossos hábitos de consumo, podemos tomar decisões mais informadas e alinhadas com nossos objetivos financeiros. Não permitir que pequenos impulsos e coisas nos distanciem do que realmente amamos fazer.

Ao final deste capítulo, espero que você esteja equipado para fazer uma avaliação crítica de suas despesas e esteja pronto para tomar medidas concretas para otimizar sua gestão financeira.

Quais são as principais tomadas de decisão financeira que você faria de forma diferente, considerando a perspectiva de "ir além do dinheiro"?

CAPÍTULO 6

COLOCANDO TUDO EM PRÁTICA

Imprevistos acontecem, esteja preparado. Tá no vermelho? Calma que tem solução. Futuro? Olá, que bom te encontrar aqui.

Eu me pergunto a quantas andam seus planos. Independentemente de qualquer coisa, desejo que você continue com energia e motivação para a conclusão deste livro, mas principalmente que, no final, você esteja melhor do que quando iniciou esta leitura.

E se a pessoa está endividada? Com o nome sujo? Como ela poderia se organizar? Nestes casos, a organização é mais que necessária, tanto para sair das dívidas quanto para não voltar para elas.

Os passos que antecedem este capítulo se aplicam para qualquer cenário.

Como você agiria se estivesse com sua casa financiada, seu carro financiado, usando o limite do cheque especial, pagando a fatura do cartão parcialmente, com despesas fixas altas, como escola dos filhos e de repente surgisse uma emergência médica que não é coberta pelo seu plano de saúde?

Aqui as alternativas não são muitas, ou seria outro empréstimo no Banco ou ajuda na família, ou talvez se desfazer do carro, para ver se, quitando o financiamento, sobra algum valor para a situação inesperada.

Pode parecer drástico o cenário desenhado, mas, acredite, é mais comum do que você possa imaginar. Poderia ainda colocar uma situação de pensão alimentícia, multas, batidas de trânsito, e muitas outras situações extraordinárias.

Por tudo que foi dito, a organização financeira se faz importante. Ter uma reserva de emergência mesmo estando endividado, também.

No livro *O homem mais rico da Babilônia*, de George Samuel Clason, considerado o livro mais antigo e famoso sobre finanças pessoais, lançado em 1926, o autor não ignora o fato de que as pessoas possuem dívidas.

O conselho recebido pelo homem que buscava entender como uma pessoa comum se tornou a pessoa mais rica da sua cidade foi de que, para prosperar, a pessoa deveria renegociar suas dívidas. Separar parte dos seus ganhos para pagá-las e, para não fazer novas dívidas, passar a comprar somente à vista tudo que precisa.

O sugerido foi renegociar suas dívidas para usar 20% dos seus ganhos mensais para pagá-las. Adapte-se para viver com 70% do que ganha, e com os 10% restantes crie uma reserva de emergência.

Se mensalmente você guardar 10% do seu salário, após 10 meses, você terá um salário guardado. Se persistir nesta estratégia, após 30 meses, você terá três salários guardados.

Com mais tempo e dedicação, você sairia da condição de devedor e passaria a pensar em investir. Isso parece bom para você?

Então mesmo em diferentes cenários, esteja você endividado, em início de carreira, recém-casado, recomeçando a vida, não importa, descobrir a forma que melhor se encaixa na sua organização financeira será o diferencial para obter a tão falada qualidade de vida.

Falando brevemente de três cenários, o jovem em início de carreira, a pessoa com dívidas e um casal recém-casado.

Vamos lá, hora da ação:

Se você está endividado.

Saiba que você não está sozinho nessa. E a culpa não é sua, afinal, não aprendemos Educação Financeira na escola, pelo contrário, somos continuamente bombardeados pelas agências de marketing para consumir. Até mesmo no seu momento de descontração, vendo filmes, séries, jogando no celular, navegando nas redes sociais, a todo momento você é convidado a consumir algo.

Certa vez, pude entender como funciona a campanha de marketing de um grande banco nacional. Eles pensaram na rotina do seu público-alvo e conseguiram se posicionar em todos os momentos do seu dia.

A começar pela presença nos canais de notícias no início da manhã, nos jornais impressos, se a pessoa toma café em casa lendo ou vendo notícias, já seria lembrado pelo banco que ele estava lá.

Indo trabalhar ou estudar, seja de carro ou de transporte público, muitas pessoas sintonizam uma rádio, lá está o grande banco se fazendo presente. E também em *outdoors* espalhados pela cidade.

Impressos nos ônibus, trens e metrôs e em placas publicitárias nos pontos de ônibus.

No celular, com notificações sobre movimentações na conta, seguros e condições especiais.

Na volta para casa, na hora de relaxar com a família e assistir TV, tá lá também.

Dei um exemplo de um banco, mas as grandes empresas fazem isso o tempo todo. Com diferentes produtos, incentivando o consumo. Difícil resistir à tentação, né?

Por isso que no Brasil mais de 78% das famílias brasileiras relatam estar endividadas, no momento em que escrevo este livro, segundo a Confederação Nacional do Comércio de Bens, Serviços e Turismo (CNC), em relatório apresentado em 11/7/2023.

Aproximadamente 18% dessas famílias se declararam muito endividadas.

Então é isso, não tem mais jeito, acabou e fim de papo?

Claro que não, agora mais do que nunca, se este é o seu caso, organizar-se se faz necessário. E revisitar seu **PORQUÊ**, o seu **O QUE** também.

Em situações de endividamento, a força para superação deste momento deve ser grande. Portanto, o que o move deve ser proporcionalmente ainda maior.

Vamos trabalhar então.

O próximo passo seria criar um plano para lidar com suas dívidas e melhorar sua pontuação de crédito. Aqui estão algumas sugestões de como fazer isso:

Entenda suas dívidas: liste todas as suas dívidas, incluindo o credor, o valor total da dívida, a taxa de juros, quantas parcelas faltam e o valor de pagamento mensal. Isso lhe dará uma imagem clara de sua situação. Se está usando o cheque especial do banco, quanto de encargo mensal você está pagando.

Priorize suas dívidas: nem todas as dívidas são iguais. Priorize o pagamento de dívidas com taxas de juros mais altas, também conhecidas como "dívidas tóxicas", vamos falar aqui das dívidas cujos juros são superiores a 24% ao ano.

Isso geralmente inclui dívidas de cartão de crédito e empréstimos com juros altos.

Crie um plano de pagamento da dívida: decida quanto dinheiro você pode direcionar para o pagamento da dívida a cada mês.

Tente fazer mais do que o pagamento do mês, se possível. Ao antecipar parcelas de um financiamento, por exemplo, você deixa de pagar juros substanciais.

Aqui também é importante buscar alternativas de crédito mais baratas, trocar dívidas caras por outras mais em conta. Se a diferença for pouca, talvez não valha a pena, pois os encargos acabam tornando o processo mais caro.

Você pode tentar consolidar suas dívidas, em uma só, com prazos mais alongados. Neste momento não se preocupe em tomar um crédito de longa data, e sim em ajustar seu orçamento mensal para pagar todas as contas em dia. Depois de ajustado, você pode antecipar os pagamentos. Considere oferecer garantias, como bens, isso é muito bem visto e ajuda a baratear o crédito.

A concorrência cada vez maior entre os bancos ajuda o consumidor nessa hora. Procure alternativas, não seja fiel a uma instituição, seja fiel a você e aos seus objetivos.

Veja se existe algum convênio do seu empregador que lhe dá direito a linhas de crédito consignado.

Evite pagar o mínimo da fatura do cartão.

Estabeleça um valor mensal que caiba dentro da sua capacidade de pagamento e vá negociar as contas, precisando se encaixar no seu orçamento, ou, então, será muito difícil sair dessa espiral.

Entenda que sacrifícios deverão ser feitos se você está nessa situação. Considere todas as possibilidades para criar um orçamento que lhe permita honrar com o plano de pagamento. Reduzir o padrão de vida aqui é inevitável, talvez até mesmo uma mudança de lugar, para reduzir despesas com moradia, transporte e tudo mais. Se você deseja realmente mudar sua situação, continuar vivendo da mesma forma não vai ajudar.

Mantenha-se atualizado com suas contas: pagar suas contas em dia é uma das melhores maneiras de melhorar sua pontuação de crédito. Se possível, configure pagamentos automáticos para evitar esquecer.

Estabeleça um fundo de emergência: isso pode parecer contraproducente quando você está endividado, mas ter algum dinheiro reservado para emergências pode evitar que assuma mais dívidas no futuro.

Busque ajuda se necessário: se sentir que está se afogando em dívidas, pode ser útil procurar aconselhamento de crédito de uma organização sem fins lucrativos ou trabalhar com um conselheiro financeiro.

Lembre-se de que melhorar sua situação financeira e sua pontuação de crédito leva tempo e consistência. Ser paciente e persistente pode ajudá-lo a sair da dívida e construir uma base financeira sólida para o futuro.

Aqui reforço a dica de leitura: *O homem mais rico da Babilônia*, escrito por George S. Clason. É como um conto de fadas para adultos, mas em vez de aprender sobre bruxas malvadas e príncipes encantados, você aprende sobre dinheiro e investimentos!

Mesmo que este livro não seja um manual de como sair das dívidas, acredito que o fundamento das leis de ouro citadas pelo autor é interessante, pois, mesmo em um cenário de dívidas, é possível se organizar para prosperar.

Clason deixa bem claro no livro quão importante é honrar seus compromissos, tanto consigo mesmo quanto com os outros. Mesmo que para isso seja preciso adequar seu padrão de vida, para um cenário onde você guarda dinheiro, paga suas contas e suas dívidas.

Em *A solução total do dinheiro*, Dave Ramsey, autor e personalidade do rádio americano, compartilha sua jornada pessoal pela falência financeira e além, fornecendo aos leitores uma visão honesta e prática da gestão de dinheiro.

Ramsey começa abordando a mentalidade que, na sua opinião, está por trás da maioria dos problemas financeiros que as pessoas enfrentam — **a negação**. Ele encoraja os leitores a assumir a responsabilidade por suas finanças, mesmo que isso signifique encarar realidades desagradáveis.

Em seguida, ele apresenta seu famoso plano de "sete *baby steps*" (sete passos de bebê) para a liberdade financeira. Os passos são:

- Estabelecer um fundo de emergência de R$ 1.000,00.
- Pagar todas as dívidas não hipotecárias (financiamento imobiliário ou crédito com garantia de imóvel), começando com a menor e indo para a maior — uma técnica conhecida como o método "bola de neve".
- Aumentar o fundo de emergência para cobrir de 3 a 6 meses de despesas.
- Investir 15% da renda familiar em fundos de aposentadoria.
- Começar a economizar para a educação universitária dos filhos.
- Pagar a casa o mais rápido possível.
- Construir riqueza e doar!

Claro que devemos considerar que a realidade americana é diferente da nossa no Brasil, porém muito do que Ramsey diz pode e deve ser aplicado, mesmo estando no hemisfério Sul das Américas. Então cabe para você também.

Ah, mas não tenho dívidas! Nesse caso esta leitura serve de alerta do quanto seus planos podem ficar mais distantes se navegar por essas águas — então cuidado, marinheiro(a).

Prosseguindo.

Como seria um plano de ação para quem está em início de carreira?

Definir um orçamento e identificar seus gastos são etapas cruciais na construção de uma base financeira sólida. E agora que já mapeou seus gastos e está definindo seu orçamento, você deve ter em mente alguns conceitos:

Estabeleça um fundo de emergência: uma das primeiras metas financeiras que você deve ter é estabelecer um fundo de emergência. Este é um fundo para cobrir despesas inesperadas, como reparos de carro, despesas médicas não planejadas ou até mesmo desemprego. Um bom objetivo é economizar entre três e seis meses de despesas de subsistência.

Inicie o investimento: mesmo que seja uma pequena quantidade, o início da carreira é um bom momento para começar a investir. Graças ao poder dos juros compostos, pequenos investimentos agora podem crescer significativamente ao longo do tempo. Considere opções como fundos de aposentadoria, ações, fundos imobiliários ou fundos de índice.

Planeje a quitação de dívidas estudantis: se você tiver dívidas de estudante, desenvolva um plano para pagar essas dívidas de maneira eficaz. Considere fazer pagamentos extras se puder. Às vezes, R$ 100 a mais no seu pagamento mensal pode significar anos a menos de dívida e milhares de reais a menos de juros. Faça contas.

Desenvolva sua carreira: no início de sua carreira, procure maneiras de desenvolver suas habilidades e aumentar seu potencial de ganhos. Isso pode incluir obter certificações adicionais, buscar oportunidades de liderança ou considerar um curso de pós-graduação. O melhor investimento nesta fase é em você mesmo, e assim aumentar sua capacidade de gerar renda.

Revise e ajuste seu orçamento regularmente: à medida que sua renda muda e suas despesas crescem, é importante revisar e ajustar seu orçamento regularmente. Certifique-se de que está vivendo de acordo com seus meios e economizando para o futuro.

Cuide do seu crédito: estabelecer um bom crédito é importante para seu futuro financeiro. Pague suas contas em dia, mantenha seus saldos de crédito baixos e evite dívidas desnecessárias.

Lembre-se de que a construção da riqueza é uma maratona, não uma corrida de 100 metros rasos. Mantenha-se consistente, seja paciente e você estará no caminho certo para alcançar seus objetivos financeiros.

E falando brevemente para os recém-casados, primeiro parabéns!

Em dois as energias se multiplicam também, e o alcance dos objetivos e sonhos pode se acelerar. É incrível se o casal estiver conectado na mesma frequência.

Então falar de finanças deve ser um hábito desde o início da relação.

Essa é uma fase emocionante, mas também traz algumas mudanças importantes na forma como você deve planejar e gerenciar suas finanças. Veja o próximo passo no seu processo de criação de um orçamento pessoal:

Comunicação e Planejamento Conjunto

Agora, suas decisões financeiras não afetam apenas você, mas também o seu cônjuge. É importante ter conversas abertas e honestas sobre dinheiro para alinhar seus objetivos e expectativas financeiras e também hábitos de consumo.

Discuta os objetivos financeiros com seu cônjuge: certifique-se de que ambos entendam e concordem com os objetivos de curto, médio e longo prazo que você definiu. Seu cônjuge pode ter objetivos próprios que devem ser levados em conta no planejamento.

Integre seus gastos e rendas: agora, vocês precisam considerar as rendas e despesas do casal. Identifiquem quais são as despesas conjuntas (como aluguel/moradia, contas de utilidade pública, compras de supermercado) e quais são individuais. Decidam se vocês vão manter contas separadas, uma conta conjunta, ou ambos.

Ajuste o orçamento conforme necessário: com base nas discussões anteriores, você pode precisar ajustar seu orçamento. Por exemplo, você pode descobrir que precisa aumentar sua poupança para um objetivo conjunto, como comprar uma casa, ou pode precisar fazer ajustes para acomodar as preferências de gastos do seu cônjuge.

Crie um sistema de acompanhamento: implementem um sistema onde vocês possam acompanhar regularmente suas despesas e rendimentos. Isto não só ajuda a manter o orçamento, mas também promove a transparência e evita conflitos financeiros.

Revisite o orçamento regularmente: é importante revisar e ajustar o orçamento regularmente, especialmente quando grandes mudanças acontecem, como aumentos de renda, nascimento de filhos, entre outros.

Lembre-se de que a comunicação aberta e honesta é a chave para o sucesso na gestão financeira em um casamento. Trabalhando juntos, você e seu cônjuge podem criar um plano financeiro que atenda às necessidades de ambos e os ajude a alcançar seus objetivos.

Se você pretende usar um aplicativo de celular para fazer essa gestão, um caderno, um livro-caixa, uma planilha eletrônica, está tudo bem. O importante é não confiar na memória.

Para mim, o que vem funcionando até então são as planilhas eletrônicas. Fácil de adaptar a minha realidade, possuem fórmulas que somam automaticamente as receitas e as despesas, têm a possibilidade de gerar relatórios, gráficos e tudo aquilo que você estiver familiarizado a fazer na ferramenta.

A estrutura de uma planilha de orçamento pessoal pode variar dependendo das suas necessidades e preferências específicas, mas aqui está um exemplo de estrutura básica que você pode começar a usar:

Renda total: esta seção deve incluir todas as suas fontes de renda, como salário, aluguéis recebidos, juros de investimentos etc.

Despesas fixas: aqui, você deve listar todas as suas despesas mensais fixas, tais como aluguel ou hipoteca, contas de luz, água, internet, telefone, seguros, plano de saúde, parcelas de empréstimos e financiamentos etc.

Despesas variáveis: essas são despesas que podem mudar de mês para mês, como alimentação, gasolina, lazer, vestuário etc. Você pode querer dividir esta categoria em subcategorias para uma análise mais detalhada.

Economias: este é o dinheiro que você está economizando para seus objetivos de curto, médio e longo prazo, tais como fundo de emergência, aposentadoria, viagens, educação, entre outros.

Resumo mensal: aqui, você vai subtrair suas despesas totais (fixas + variáveis) e economias da sua renda total. Idealmente, este número deve ser zero, o que significa que você alocou cada centavo que ganhou.

Visão geral anual: um resumo do seu orçamento em uma base anual. Isso pode ajudá-lo a ver tendências mais amplas, como despesas sazonais (por exemplo, impostos, custos de viagem nas férias, presentes, temporadas festivas), e a planejar para o futuro.

Um adendo aqui. Você pode manter a atividade de registrar seus gastos se lhe convier, então poderia criar também uma seção separada onde registra cada transação que faz ao longo do mês, incluindo a data, a quantia, a categoria (por exemplo, alimentação, transporte etc.) e quaisquer notas.

Essa estrutura é um ponto de partida básico, mas sinta-se à vontade para personalizá-la de acordo com suas necessidades. Além disso, há muitos aplicativos de orçamento pessoal disponíveis que podem ajudá-lo a acompanhar suas finanças se você preferir não usar uma planilha.

Muitas similaridades podem ser verificadas em diferentes contextos, eu diria que a principal delas, nesta etapa, seria pensar na reserva de emergências.

Imagino que você já definiu seu "porquê", estabeleceu objetivos e avaliou seus hábitos de consumo, identificando o que pode ser reduzido ou eliminado (seja temporariamente ou de forma definitiva).

Então neste capítulo trouxe informações conceituais para a montagem do seu orçamento/plano de ação.

Na prática, este pode ser um modelo de planilha de controle das finanças pessoais.

	Janeiro	Fevereiro	...	Dezembro
RENDA				
Salário				
Extras				
Aluguéis recebidos				
Investimentos				
Ações				
Fundo de aposentadoria				
Reserva de emergência				
Despesas fixas				
Aluguel/Prestação da casa				
Seguro de saúde				
Mensalidade escolar				
Prestações de empréstimos/Financiamentos				
Assinaturas (Netflix, Spotify etc.)				
Contas de serviços públicos (água, luz, gás)				
Despesas variáveis				
Alimentação (restaurantes, supermercados)				
Transporte (combustível, passagens)				
Lazer e entretenimento				
Compras (roupas, eletrônicos)				
Despesas médicas não planejadas				
Presentes				
Saldo mensal				

RESUMO CAPÍTULO 6 – Colocando tudo em prática

Neste capítulo, abordamos a importância da ação em nossa jornada financeira. A consciência e o planejamento são fundamentais, mas sem ação nossos objetivos permanecerão apenas como desejos.

Discutimos a inevitabilidade dos imprevistos e a necessidade de estarmos preparados para eles. Seja enfrentando um saldo negativo ou planejando para o futuro, a ação é o que nos move em direção aos nossos objetivos.

Destaquei também a relevância de ter um plano de ação bem definido, que nos guie em nossa trajetória financeira. Este plano deve ser flexível o suficiente para se adaptar às mudanças, mas claro o suficiente para nos manter no caminho certo.

Ao final deste capítulo, espero que você esteja pronto para agir, enfrentar os desafios e aproveitar as oportunidades que surgirem em sua jornada financeira.

No próximo capítulo, discutiremos a importância de acompanhar e ajustar nossos planos conforme necessário. A partir de agora, você está apto para fazer a gestão das suas finanças, mas não acaba por aqui, por isso o próximo capítulo se chama "Monitorando seu progresso financeiro".

Como você pode aplicar o conceito de "ir além do dinheiro" para melhorar não apenas sua saúde financeira, mas também seus relacionamentos e bem-estar geral?

CAPÍTULO 7

MONITORANDO SEU PROGRESSO FINANCEIRO

O processo deve ser contínuo. Tudo sob controle? Continua estudando sobre? Se precisar, peça ajuda. Mantenha o foco.

Falar e lidar com dinheiro pode ser muito chato, principalmente quando as contas não fecham. A minha fagulha de esperança nessa frase é pensar: *se a conta não está fechando, na melhor das hipóteses, o controle está sendo feito e ao menos a pessoa tem ciência de que a conta não está fechando.*

Como o citado autor Ramsey diz, a pior fase para a pessoa cujas contas estão desajustadas é a negação. Ter conhecimento da real condição já é uma vitória.

Definir razões pelas quais lutar, objetivos a serem buscados, ter plena consciência dos hábitos de consumo e do seu estágio de vida atual e já iniciar o controle das despesas mediante um orçamento pessoal são passos, mais que isso, conquistas rumo a uma mudança de história de vida.

Mas como já citado aqui também, esse processo não é uma corrida de 100 metros rasos, é uma maratona, e somente a consistência é que o fará chegar até o final, até o resultado desejado.

É como escalar uma montanha, onde o objetivo está na bela vista panorâmica ao se chegar no topo.

Ainda assim, gosto de lembrar, o que pode ser óbvio para muitos, curta a jornada.

Os pequenos prazeres da vida estão na jornada em si, chegar no topo da montanha e ser agraciado com uma deslumbrante paisagem só tem valor de fato, ao se perceber o quão desafiador foi chegar ali.

Mas como ainda não chegamos ao final, mas quase, chegamos a uma das fases mais importantes do processo, acho que tenho falado isso o livro todo, né?

Tudo que foi mapeado até aqui não fará sentido se não houver acompanhamento.

Não precisa ser diário, nem ficar neurótico, revisitando seu controle orçamentário a todo momento.

Separe alguns minutos da sua semana, principalmente nos inícios dos meses, para relembrar seus compromissos assumidos, se certificar de que as despesas orçadas foram efetivadas, se está havendo discrepância de valores entre os gastos planejados e os gastos efetivos.

Você perceberá que não precisa de tanto tempo para isso. E com o passar do tempo, o processo se tornará cada vez mais eficiente.

Você pode até achar que estou sendo repetitivo, mas entenda, não daria tanta ênfase nestes processos se não os julgasse tão importantes, então repetirei.

Manter o controle do orçamento pessoal é uma habilidade essencial para a gestão financeira. Aqui estão algumas estratégias eficazes para o acompanhamento do seu orçamento pessoal:

Acompanhamento regular: é importante revisar seu orçamento regularmente. Seja semanalmente, quinzenalmente ou mensalmente, escolha um período de tempo que funcione melhor para você e comprometa-se a rever seus gastos durante esse período.

Categorização: classificar seus gastos em diferentes categorias (por exemplo, moradia, alimentação, transporte, lazer) pode ajudá-lo a entender melhor para onde está indo seu dinheiro.

Uso de ferramentas e aplicativos: hoje em dia, existem várias ferramentas digitais e aplicativos disponíveis que podem ajudar no acompanhamento do orçamento. Eles podem conectar-se à sua conta bancária, categorizar transações, definir limites de gastos por categoria e fornecer uma visão geral dos seus gastos.

Ajuste conforme necessário: seus gastos e renda podem mudar ao longo do tempo, então é importante ajustar seu orçamento conforme necessário. Se você encontrar-se regularmente excedendo seu orçamento em uma categoria, é necessário reavaliar e ajustar seus limites de gastos.

Também é oportuno automatizar o que for possível.

Seja uma despesa fixa como a conta de luz, seja a transferência para o fundo de aposentadoria. Caso tenha aberto uma conta digital para separar o dinheiro para reserva de emergência, programe as transferências para que elas ocorram automaticamente, conciliando com a entrada de recursos na conta, seja por recebimento de salário, aposentadoria, mesada, o que for.

Ainda não é o final do processo, mas aqui, no acompanhamento, falarei de algo que você deve ouvir normalmente quando se fala em organização financeira: SE PAGUE PRIMEIRO.

Na hora de fazer o acompanhamento, é natural que queiramos eliminar o quanto antes as despesas, para ver o que vai sobrar.

Afinal, muitos aprendem de forma superficial que o orçamento pessoal deve ser

RECEITA - DESPESAS = SOBRA

A primeira provocação que faço é, está sobrando?

Ao iniciarmos a mensagem para nosso cérebro de sobra, ele não vai entender como algo que deve ser direcionado para os planos futuros; lembra, faz parte do nosso ser primitivo viver o aqui e o agora.

Pensar em sobra, inconscientemente, nos leva ao impulso para aquilo que estamos o tempo todo sendo bombardeados: O CONSUMO.

Considerando tudo que foi proposto até aqui e também que temos um PORQUÊ bem claro de todo esse movimento que nos propomos a fazer, nada faz mais sentido do que mudar essa fórmula.

Trazer para o início aquilo que é mais importante na sua vida: VOCÊ.

Falei muito aqui sobre nossa razão de ser, o que nos move, POR QUE fazemos o que fazemos, qual nosso propósito afinal. Em seguida falei do quão importante é ter um objetivo, afinal, estamos com o tanque cheio de energia para correr atrás dele.

Falamos de adaptar nossa realidade, fazer alguns ajustes e sacrifícios para viver dentro das nossas possibilidades, então a fórmula que faria mais sentido aqui seria:

RECEITAS - POUPAR = DESPESAS

No final o saldo pode ser zero na conta, mas você estará alguns passos mais próximo do seu sonho.

Por isso é importante prever no orçamento, seus gastos com lazer também, afinal, fazem parte da jornada estes pequenos prazeres.

Mas antes se pague. Direcione seu dinheiro para sua reserva de emergência, para os planos de curto, médio e longo prazo, para então viver com o restante.

Vou compartilhar uma estratégia adicional, tradicional e muito utilizada num passado recente, que se chama a estratégia dos potes.

A estratégia dos potes, ou método dos envelopes, é uma abordagem popular para o gerenciamento de dinheiro. Originou-se do conceito de dividir fisicamente o dinheiro em diferentes envelopes — ou "potes" — para diferentes categorias de despesas. No entanto, em um mundo cada vez mais digital, isso é frequentemente feito virtualmente, usando contas bancárias separadas ou aplicativos de orçamento.

Aqui está como a estratégia funciona:

1. Identifique suas categorias de gastos: você precisa decidir em quais categorias vai dividir seu dinheiro. As categorias típicas podem incluir despesas fixas (como aluguel, hipoteca, contas de serviços públicos), alimentação, transporte, saúde, lazer, entre outras.

2. Determine o quanto cada categoria recebe: baseado em seus ganhos e despesas anteriores, você colocará uma certa porcentagem de sua renda para cada categoria. Por exemplo, você pode decidir que 50% de sua renda vai para despesas fixas, 20% para alimentação, 10% para transporte, 10% para lazer e 10% para poupança.

3. Deposite dinheiro em cada "pote": quando você receber seu salário, você vai dividir o dinheiro entre os potes de acordo com as porcentagens que definiu. Se você estiver usando dinheiro físico, pode colocar o dinheiro em envelopes ou potes físicos. Se estiver fazendo isso digitalmente, pode transferir dinheiro para contas separadas ou registrar os montantes em um aplicativo de orçamento.

4. Gaste apenas o dinheiro em cada pote: durante o mês, você gasta apenas o dinheiro alocado para cada categoria. Se você esgotar o dinheiro de um pote, terá que ajustar os gastos de outros potes ou esperar até o próximo mês.

5. Ajuste conforme necessário: reavaliar e ajustar as porcentagens regularmente. Se você está consistentemente esgotando o dinheiro de um pote antes do fim do mês, pode precisar alocar mais dinheiro para essa categoria.

O benefício desta estratégia é que ela força você a planejar seus gastos com antecedência e a viver dentro de seus meios. Isso pode ser especialmente útil se você está lutando para controlar seus gastos e economizar dinheiro. No entanto, também requer disciplina para manter-se dentro dos limites que você definiu para cada categoria.

Como venho falando, e citando novamente Nietzsche:

"O homem que tem um porquê para viver pode suportar quase qualquer como."

Então se sujeitar a situações, como, por exemplo, redução no padrão de vida, diminuição de certos hábitos de consumo, podem fazer sentido, se há um propósito por trás disso.

Se o descontrole é grande atualmente, trazer para o plano físico ajuda. Como? Sacando o dinheiro e literalmente utilizando os potes ou envelopes para se organizar.

Há uma razão para isso.

Existem estudos que abordam a psicologia do gasto e como as pessoas percebem e se sentem ao usar dinheiro físico em comparação com outras formas de pagamento, como cartões de crédito ou pagamentos digitais.

Um conceito importante aqui é a "dor do pagamento" (*pain of paying*, em inglês). A ideia é que certos modos de pagamento podem fazer as pessoas sentirem mais ou menos "dor" ao gastar. Em geral, estudos sugerem que as pessoas sentem mais essa "dor" quando usam dinheiro físico do que quando usam cartões de crédito ou métodos de pagamento digitais.

Dinheiro físico: ao entregar dinheiro vivo, a perda é imediatamente sentida, já que o dinheiro sai fisicamente das mãos do indivíduo. Isso pode tornar as pessoas mais conscientes do que estão gastando e, em alguns casos, mais relutantes em fazer compras desnecessárias.

Cartões de crédito ou débito: a "dor do pagamento" é frequentemente reduzida com cartões, porque a transação é menos tangível. Não se vê o dinheiro saindo da carteira, o que pode facilitar o gasto.

Pagamentos digitais e eletrônicos: com a crescente popularidade dos pagamentos digitais e aplicativos de pagamento, a "dor" pode ser ainda mais atenuada, já que muitas vezes esses métodos são ainda menos tangíveis do que usar um cartão físico.

Estes *insights* são baseados em pesquisas de comportamento do consumidor e economia comportamental. Por exemplo, pesquisadores como Dan Ariely e Drazen Prelec têm escrito sobre este fenômeno.

Entretanto, é importante notar que a percepção de dor ao gastar varia de indivíduo para indivíduo e pode ser influenciada por diversos fatores, incluindo educação financeira, experiências pessoais e cultura.

Ao explorar seu orçamento mensal, e tentar controlar o impulso do gasto além do seu limite, é também necessário sentir a dor do pagamento, o que talvez facilite o processo do controle.

Talvez, por um período de tempo (sacrifício), eliminar da sua rotina o uso de meios de pagamentos digitais e cartões de crédito possa ajudar.

Existem várias outras estratégias populares para gerenciar finanças pessoais. Como, por exemplo:

Método 50/30/20: popularizado por Elizabeth Warren, este método sugere dividir sua renda líquida em três categorias:

50% para necessidades: tudo o que você precisa para sobreviver, como moradia, comida, transporte e contas básicas.

30% para desejos: despesas que não são essenciais, como sair para comer, *hobbies* e entretenimento.

20% para poupança e dívidas: isso inclui economizar para o futuro, investimentos e pagamento de dívidas existentes.

O método 50/30/20 é uma forma popular de alocação de renda para ajudar e facilitar as pessoas a gerenciar suas finanças de forma equilibrada.

Vamos a um exemplo prático?

Passo 1: Calcule sua renda mensal total.

Vamos supor que a renda mensal de João seja de R$ 5.000.

Passo 2: Aplique o método 50/30/20.

Necessidades (50%): R$ 2.500

João atribui metade de sua renda (50%) para suas necessidades básicas. Isso inclui despesas fixas como aluguel ou financiamento imobiliário, contas de serviços públicos, alimentação, transporte, seguro de saúde, entre outros.

Desejos (30%): R$ 1.500

João destina 30% de sua renda para seus desejos e estilo de vida. Isso inclui gastos discricionários, como refeições fora de casa, entretenimento (a balada entra aqui também), roupas, presentes, viagens e outros luxos.

Metas financeiras (20%): R$ 1.000

Os últimos 20% da renda de João são direcionados para metas financeiras e prioridades de longo prazo. Isso pode incluir economias para aposentadoria, pagamento de dívidas, investimentos, construção de um fundo de emergência ou a realização de grandes compras planejadas. Caso tenha dívidas, foque em eliminá-las primeiro, mas não deixe de construir uma reserva de emergência, para evitar entrar novamente nas dívidas.

Resultado:

Ele está equilibrando suas necessidades essenciais, permitindo-se desfrutar de alguns desejos e também investindo em suas metas financeiras de longo prazo. Isso ajuda a garantir que ele esteja cuidando das responsabilidades financeiras imediatas, enquanto ainda planeja para o futuro.

Lembrando que o método 50/30/20 é uma diretriz geral e pode ser ajustado com base nas circunstâncias individuais e objetivos financeiros. O objetivo é criar um plano que se adapte às suas necessidades e ajude a alcançar o equilíbrio entre o presente e o futuro.

Método "Pay Yourself First" (Pague-se primeiro): antes de pagar suas contas ou fazer compras, você separa uma certa quantia ou porcentagem de sua renda para poupança ou investimento. Isso assegura que você esteja sempre guardando algo para o futuro antes de gastar em despesas do dia a dia.

Zero-Based Budgeting (Orçamento Base Zero): cada mês, você começa com um orçamento "zerado" e precisa alocar cada centavo de sua renda em uma categoria específica. No final do mês, seu orçamento deve voltar a zero. Isso não significa que você gasta todo o seu dinheiro, mas que você deu a cada centavo um propósito, seja para gastos, poupança ou investimento.

Método "Snowball" e "Avalanche" para dívidas:

Snowball (Bola de Neve): comece pagando a dívida com o menor saldo em primeiro lugar, enquanto paga apenas o mínimo nas outras. Assim que a menor dívida for paga, direcione o valor que estava sendo usado para pagá-la à próxima menor dívida, e assim por diante.

Avalanche (Avalanche): em vez de se concentrar no saldo, concentre-se nas taxas de juros. Comece pagando a dívida com a taxa de juro mais alta primeiro.

Orçamento Baseado em Valores: este método envolve a alocação de dinheiro com base no que é mais importante para você. Requer reflexão sobre seus valores e prioridades, garantindo que seu dinheiro seja gasto de maneira alinhada com o que é mais significativo para você.

Recomendação de leitura: *Os 7 hábitos das pessoas altamente eficazes*, de Stephen R. Covey. Não é estritamente um livro de finanças, mas seu foco em princípios e gerenciamento eficaz pode ser aplicado ao gerenciamento financeiro pessoal.

Imagine que você tem um kit de ferramentas. Em vez de martelos e chaves de fenda, você tem hábitos. Esses hábitos ajudam você a construir uma vida bem-sucedida e equilibrada. Covey nos oferece sete dessas ferramentas superpoderosas!

O livro destaca sete hábitos que, quando incorporados à vida diária, permitem alcançar eficácia pessoal e interpessoal:

Seja proativo: isso é sobre assumir o controle e a responsabilidade por sua própria vida. A proatividade refere-se a controlar as coisas em vez de ser controlado por elas. Gasto consciente, ok?

Comece com o final em mente: tenha uma clara compreensão do que você quer alcançar a longo prazo. Isto é sobre definir missões e objetivos pessoais. Lembra do exercício de visualização?

Primeiro o mais importante: defina prioridades e faça as coisas mais valiosas primeiro.

Pense ganha-ganha: em interações e negociações, procure soluções que sejam benéficas para ambas as partes. Em vez de pensar em termos competitivos, pense em termos colaborativos.

Procure primeiro compreender, depois ser compreendido: antes de buscar ser entendido, entenda os outros. Esta é uma abordagem empática à comunicação. Mapa não é território, entender o mapa do outro, o torna mais empático e sua comunicação mais assertiva.

Crie sinergia: reconheça que trabalhar cooperativamente com outros produz resultados superiores do que trabalhar individualmente. Sozinho você pode ir mais rápido, mas acompanhado certamente irá mais longe.

Afine o instrumento: cuide de si mesmo e continue aprimorando-se. Isso inclui saúde física, mental e espiritual.

Criar hábitos saudáveis é transformador, mas não pense que se você repetir algo por vinte e um dias, você criará um hábito.

A ideia de que leva 21 dias para formar um hábito é amplamente difundida, mas sua origem e a precisão desta afirmação são um pouco mais complexas.

O conceito original vem do livro *Psycho-Cybernetics*, escrito pelo Dr. Maxwell Maltz na década de 1960. Maltz era um cirurgião plástico que começou a notar um padrão interessante entre seus pacientes: depois de uma operação, muitas vezes levava cerca de 21 dias para que os pacientes se acostumassem com sua nova aparência.

Ele observou padrões similares em outras áreas da vida e, a partir de suas observações, sugeriu que "leva um mínimo de cerca de 21 dias para que uma imagem mental se dissolva e seja substituída por outra".

No entanto, é importante notar que Maltz usou a palavra "mínimo". Ao longo do tempo, essa observação foi distorcida e simplificada para a ideia popular de que "leva 21 dias para formar um novo hábito".

Estudos mais recentes sobre a formação de hábitos indicam que o tempo necessário para formar um hábito varia consideravelmente de pessoa para pessoa e dependendo do hábito em questão. Por exemplo, um estudo de 2009 realizado pela University College London descobriu que a média de tempo para formar um hábito era de 66 dias, mas isso variava de 18 a 254 dias, dependendo do indivíduo e da atividade.

Em resumo, enquanto a ideia de "21 dias para formar um hábito" é atraente e fácil de lembrar, é uma simplificação e pode não ser aplicável a todas as situações ou pessoas.

A formação de hábitos é um processo complexo, influenciado por muitos fatores, incluindo a natureza do hábito, a personalidade do indivíduo e o ambiente em que se encontram.

Não se preocupe com o tempo, persista, persevere na ação de acompanhamento, até virar um hábito, até que passe a fazer parte da sua rotina mensal.

Busque forças no seu propósito e objetivos, e busque aquela estratégia que mais se adéqua ao seu momento. Aquela imagem impressa lembrando-o a todo momento dos seus Porquês facilita muito este processo.

Cada estratégia tem seus próprios prós e contras e pode ser mais adequada para certas situações ou personalidades. A chave é encontrar a estratégia ou combinação de estratégias que funcione melhor para você e suas circunstâncias financeiras específicas. Em muitos casos, procurar ajuda de um profissional, um mentor pode ser o melhor caminho.

Acompanhe, seja como for, acompanhar é a diferença que faz a diferença.

Muitas vezes podemos sair da rota, isso é normal. O acompanhamento lhe permite ajustar essa rota e voltar para a direção correta.

Pequenos desvios podem fazer grandes diferenças, veja bem.

As referências em graus são geralmente usadas em contexto de direção ou navegação, referindo-se ao rumo ou curso de uma embarcação em relação ao norte magnético ou verdadeiro. Por exemplo, um rumo de 90 graus refere-se a uma direção de leste, enquanto um rumo de 180 graus refere-se ao sul.

Se um navio saindo do Rio de Janeiro em linha reta for atravessar o oceano Atlântico e desviar um grau apenas na sua rota, no curto espaço de tempo e distância, pode não fazer tanta diferença, porém, certamente, sua chegada ao destino final será totalmente diferente.

Por isso essa manutenção periódica se faz necessária, por isso acompanhar o processo é tão importante. Se não detectarmos logo no início os desvios de rota, nosso destino final pode ser muito distante daquilo que almejamos.

Por outro lado, com o acompanhamento devido, normalmente o processo se torna mais eficiente, ganha tração e velocidade, e naturalmente nos aproximamos dos nossos objetivos mais facilmente.

RESUMO CAPÍTULO 7 – Monitorando seu progresso financeiro

Neste capítulo, destaco a importância de monitorar e acompanhar regularmente suas finanças. A gestão financeira não é uma atividade única, mas um processo contínuo que exige atenção e revisão constantes.

Acompanhar suas despesas, receitas e investimentos permite que você ajuste sua rota conforme necessário, garantindo que permaneça no caminho certo em direção aos seus objetivos.

A formação de hábitos, especialmente o hábito de monitorar suas finanças, pode ser um desafio, mas é essencial para o sucesso financeiro.

Cada estratégia tem seus prós e contras, e a chave é encontrar a que melhor se adapta às suas circunstâncias financeiras específicas. Seja qual for a estratégia escolhida, o acompanhamento é a diferença que faz a diferença.

Ao final deste capítulo, espero que você reconheça a relevância de se manter ativo em sua jornada financeira, ajustando e recalibrando conforme necessário.

Refletindo sobre sua jornada financeira até agora, quais foram os momentos em que você sentiu que estava focando demais no dinheiro e perdendo de vista o quadro geral?

CAPÍTULO 8

FECHAMENTO

Está dando certo? Hora de celebrar.

Fechamento, como assim?

Tem tanta coisa ainda pra escrever.

Nem falamos de investimentos.

Certamente, este seria um dos tópicos interessantes de um livro, talvez um próximo, até mesmo porque se trata de um assunto do qual sou especialista certificado e ainda hoje, no momento em que escrevo este livro, minha ocupação principal.

No entanto, minha proposta com este livro é o despertar, o desvendar dos segredos da organização financeira, o que torna o assunto bastante denso. Já fico muito feliz se consegui me fazer entender e de alguma forma impactei a sua vida.

Talvez muito do que foi escrito aqui já fosse de seu conhecimento, só precisava ser lembrado. Lembrado e praticado, assim espero.

E percebendo os resultados, deve também ser celebrado.

Se temos um plano, um objetivo fragmentado em pequenas metas, plena consciência destas, fica mais fácil mensurar e perceber quando as alcançamos.

Se o primeiro objetivo era concluir esta leitura, meus parabéns, você está QUASE lá.

Se os objetivos iniciais passarem pelo autoconhecimento, celebre, seguindo o proposto aqui neste livro, posso crer que já evoluiu bastante.

Se o objetivo era criar uma planilha de controle financeiro, você já tem as informações e recursos para isso, celebre também. Faça seu cérebro perceber como é bom ser recompensado por caminhar na direção daquelas imagens impressas e que foram previamente visualizadas.

Dê aquela motivação extra para si mesmo por perceber que você está caminhando na direção dos seus sonhos, sem desvios de rota inconscientes.

Os desvios conscientes e necessários são permitidos, ok? Aliás, caso tenha que fazer algum ajuste, celebre também, afinal, isso é a plena consciência do fazer o que for necessário para chegar lá.

A educação financeira não se limita apenas a números e contas; é uma jornada que nos leva além do dinheiro, explorando nossas atitudes, valores e decisões. Afinal, a organização financeira engloba, como vimos aqui, outros elementos que vão além do racional.

Criar esse vínculo que vai além do monetário puro e simples acredito ser o grande segredo para o sucesso nessa jornada.

Acredito que o dinheiro é o caminho, a ferramenta, e não o objetivo final em si.

Devemos amar o dinheiro, adorar receber dinheiro, eliminar crenças que nos afastam do dinheiro.

Pensar que com o dinheiro você poderá fazer coisas boas.

Pensar que se você não se ajudar a ter dinheiro, como poderá ajudar outras pessoas?

Não digo para querer ter todo dinheiro do mundo, mas seja ambicioso, não ganancioso, pense que *"sonhar grande e sonhar pequeno dá o mesmo trabalho"*.

Frase frequentemente atribuída a Jorge Paulo Lemann, um dos empresários mais bem-sucedidos e ricos do Brasil (ele deve saber o que fala, né?).

Celebrar conquistas, por menores que sejam, é celebrar a vida, é celebrar nossa curta passagem de tempo nesta vida.

Dedicamos tanto tempo da nossa vida para conquistar nosso dinheiro, que chega a ser triste pensar em gastar o dinheiro conquistado em troca do nosso tempo de vida com coisas fúteis, desnecessárias, com compras por impulsos, que não são realmente necessárias.

Assisti a *HUMAN*, um documentário dirigido pelo renomado fotógrafo e cineasta francês Yann Arthus-Bertrand, lançado em 2015, super-recomendo. Vi que já tem o volume dois, ao qual ainda não assisti.

"HUMAN" é uma coleção de histórias e imagens da nossa Terra, oferecendo uma imersão no coração da essência da humanidade.

O objetivo do filme é destacar o que nos torna humanos, conectando-nos por meio de experiências universais, apesar das diferenças culturais e geográficas. Ele busca revelar e celebrar nossa humanidade compartilhada.

No primeiro volume, o produtor trouxe o ex-presidente do Uruguai Pepe Mujica, também conhecido como o presidente mais pobre do mundo.

Independentemente de suas crenças ideológicas no campo político, sua fala é uma importante mensagem para a humanidade.

"Inventamos uma montanha de consumo supérfluo, e é preciso jogar fora e viver comprando e jogando fora. E o que estamos gastando é tempo de vida. Porque quando eu compro algo, ou você, não compramos com dinheiro, compramos com o tempo de vida que tivemos de gastar para ter esse dinheiro. Mas com esta diferença: a única coisa que não se pode comprar é a vida. A vida se gasta. E é miserável gastar a vida para perder liberdade."

Mujica diz na entrevista que não pretende fazer apologia da pobreza, e sim da sobriedade: *"O que proponho é dar as costas ao mundo dos desperdícios".*

São reflexões importantes a serem feitas, impactaram muito na minha forma de pensar, pois sempre concordei que *"Ser é melhor que ter"*, conforme o pensamento do psicanalista, sociólogo e filósofo alemão Erich Fromm.

Associar o dinheiro ganho e o dinheiro gasto com nosso tempo de vida chega a ser chocante: *"A vida se gasta".*

Como você está gastando sua vida?

Pensar desta forma é ir *Além do dinheiro*, é expandir a visão de mundo e a nossa relação com ele.

A verdadeira organização financeira vai além da simples quantia que ganhamos; é uma reflexão profunda sobre como gerenciamos e valorizamos cada centavo. É vislumbrar um cenário em que, mesmo que não se ganhe rios de dinheiro, você pode ter uma jornada tranquila, adaptada às suas condições, mas principalmente com a capacidade de mudança de história pessoal.

Citando Charles R. Swindoll, autor e pastor evangélico:

"A vida é 10% o que acontece conosco e 90% como reagimos a isso."

Ao abordar a organização financeira, "pensar além do dinheiro" significa ter controle sobre nossas reações e decisões, não apenas sobre nossos ativos. Ser de fato o protagonista da nossa vida. Não se limitar apenas ao número, vai lhe permitir alçar voos muito mais altos.

O livro *Pai rico, pai pobre*, escrito por Robert T. Kiyosaki, em essência, é um guia sobre como pensar de forma diferente sobre dinheiro, trabalho, vida e liberdade. O autor tem uma fala muito interessante sobre educação financeira.

Ele nos faz pensar e nos provoca quando recomenda, perante situações onde geralmente não nos permitimos sonhar ou desejar algo, pela falta de dinheiro, trocar esse pensamento para *"O que preciso fazer para ter o dinheiro necessário para atingir esse objetivo?"*.

É poderoso pensar e provocar nossa mente a buscar soluções ao invés de lamentarmos a impossibilidade. Unindo os recursos apresentados neste livro com uma forma de pensar alinhada com seus objetivos, acredito que teremos muito o que celebrar daqui para frente.

Analisando agora, comecei o livro falando sobre a importância de racionalizar nossa visão de mundo e de se permitir aprofundar nos estudos e conhecimentos, ao passo que, ao falarmos dos nossos desejos, por consequência dos nossos sonhos e propósitos de vida, "emocionalizar" se faz necessário.

Como o paradoxo da dualidade, em que é importante conhecer a escuridão para valorizar a luz, o equilíbrio entre razão e emoção é a senha que desvenda esse segredo.

RESUMO CAPÍTULO 8 - Fechamento

Ao chegarmos ao final desta jornada, é essencial reconhecer e celebrar nossas conquistas. Neste último capítulo, destaco a relevância de comemorar cada passo dado em direção aos nossos objetivos financeiros. Cada vitória, por menor que seja, é um testemunho do nosso compromisso e dedicação.

A celebração não é apenas uma forma de nos recompensar, mas também de nos manter motivados para os próximos desafios. Seja com um simples brinde ou compartilhando nossas vitórias com entes queridos, cada celebração é um lembrete do progresso que fizemos.

Ao concluir esta leitura, espero que você esteja equipado com as ferramentas e o conhecimento necessários para transformar sua vida financeira. E, enquanto celebramos o fim desta jornada juntos, lembre-se de que cada final é também um novo começo. Que este livro seja o ponto de partida para muitas outras conquistas em sua vida financeira.

Agradeço por me acompanhar nesta jornada. Agora, o próximo passo é seu. Escolha aprofundar-se, questionar e, acima de tudo, buscar a verdadeira sabedoria financeira. Se permita ir além do dinheiro e seja muito feliz.

Após concluir este livro, quais são os próximos passos que você planeja tomar para realmente viver uma vida que vá "além do dinheiro"?

Até a próxima!

REFERÊNCIAS

ARTHUS-BERTRAND, Yann (dir.). *HUMAN*. França: Humankind Production, 2015. vídeo 188 min., son., color.

FRANKL, Viktor E. *Em busca de sentido*. Petrópolis: Vozes, 2019.

GOLEMAN, Daniel. *Inteligência emocional*: a teoria revolucionária que redefine o que é ser inteligente. Rio de Janeiro: Objetiva, 2012.

KIYOSAKI, Robert T. *Pai rico, pai pobre*. Rio de Janeiro: Elsevier, 2000.

MCKEOWN, Greg. *Essencialismo*: a disciplinada busca por menos. Rio de Janeiro: Sextante, 2015.

MOGI, Ken. *Ikigai*: os cinco passos para encontrar seu propósito de vida e ser mais feliz. Bauru: Astral Cultural, 2018.

SINEK, Simon. *Comece pelo porquê*: como grandes líderes inspiram ação. Rio de Janeiro: Sextante, 2018.

TRANJAN, Roberto. *O menino e o velho*. São Paulo: Buzz, 2017.